LE THEATRE FRANCOIS.

Diuisé en trois Liures.,
où il est traité

I. De l'Usage de la Comedie.
I I. Des Autheurs qui soûtiennent
le Theâtre.
III. De la Conduite des Comediens. *(par Samuel Chappuzeau).*

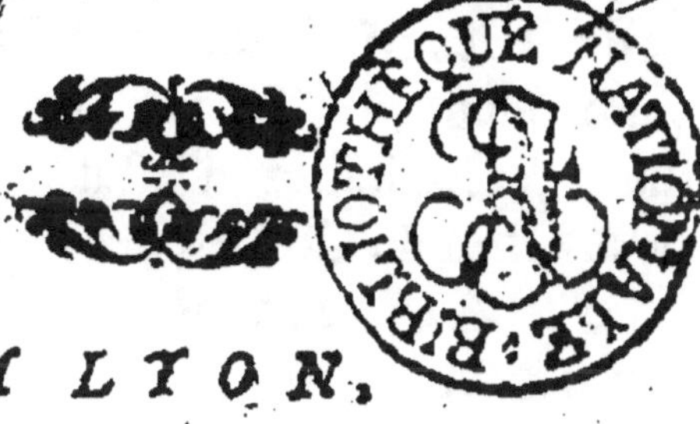

A LYON,

Chez MICHEL MAYER,
ruë Merciere à la Verité.

____

M. DC. LXXIV.

Auec Permission.

A son Excellence

MONSEIGNEVR

IEAN BAPTISTE

TRVCHI,

Comte de Saint Michel, Cheualier
Grand-Croix de la Sacrée Religion
& Milice des SS. Maurice & Lazare,
Commandeur de Sainte Marie de
Chinas , Conseiller d'Estat , President & Chef du Conseil des Finances
de SON ALTESSE ROYALE DE
SAVOYE.

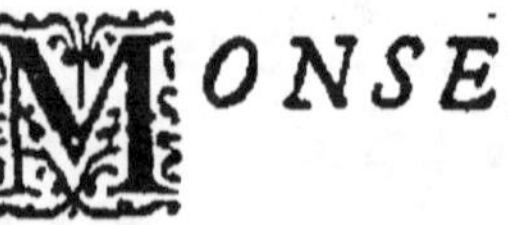ONSEIGNEVR,

Les pompeux Spectacles ont
toûjours esté le noble amusement

á 4   des

EPITRE.

des Grans Hommes, quand ils
ont voulu se donner quel-
que relasche dans les soins qui
les ôcupent incessamment pour
le bien & la gloire des Estats.
C'est ce qui en fait le plus éclater la felicité, & quand on
void les Souverains & les
Peuples dans la joye, c'est
vne marque assurée que le
dedans est tranquille, &
que l'on ne craint point d'o-
rage du dehors. Cette felicité,
MONSEIGNEVR, est deüe à
la force du genie d'vn Prince agissant, & à la sage
conduite de ses Ministres, &
c'est de ces mémes sources que

partent

EPITRE.

partent toutes les réjoüissan-
ces publiques, dont la magnificence de nos Theâtres &
la beauté des Poëmes qui y
sont representez font la meilleure partie. Ie ne touche icy
que l'Histoire du Theâtre François depuis qu'il est dans son
lustre, & puis qu'elle s'étend
jusques au Piémont & jusqu'à
la Mer Balthique, & que
SON ALTESSE ROYALE
de SAVOYE auec de Grans
Princes de l'Empire font de
nos Poëmes Dramatiques un
de leur plus doux diuertissemens, j'ay crû, MONSEI-

EPITRE.

GNEVR, que *VOSTRE EX-
CELLENCE*, ne trouueroit pas
tout a fait mauuaise la hardies-
se que ie prens de luy deuoüer cet
ouurage, & de le donner au
public soûs vn si Illustre Nom.
Ce n'est qu'apres auoir exposé
mon manuscrit à la censure
des gens les plus éclairez dans
ces matieres, & qu'apres auoir
esté assuré que ie le pouuois
produire sans honte, puis qu'ils
l'auoient leu auec plaisir.
Quelque passion que j'eusse depuis deux ans de donner à vôtre Excellence des marques de
la grande veneration que son
merite

EPITRE.

merite extràordinaire m'a dû
inspirer, ie m'y serois mal pris
en luy offrant auec mes pro-
fonds respects un ouurage
dont l'on ne m'auroit donné
nulle bonne opinion, & qui ne
pust se promettre qu'un regne
de peu d'années. Celuy cy se
flate d'un destin heureux, &
doit estre bien receu selon le sentiment de nos Critiques ; & ils
ont jugé qu'estant le premier
qui s'est auisé de donner au
Theâtre François une face
nouuelle, qui expose aux yeux
des Spectateurs le bon usage
de la Comedie, & les deux

à 6   sortes

EPITRE

sortes de personnes qui contri-
buent aux auantages que nous
en tirons, il y aura peu de
gens en France, de ceux méme qui condannent les spesta-
cles, que le titre de mon Liure
ne porte à lire ce qu'il promet.
Mais MONSEIGNEVR, ie
suis tres persuadé qu'ils pren-
droit infiniment plus de plaisir à contempler le portrait
que ie tascheray de leur faire
icy de vôtre Excellence, &
qu'ils auoüront qu'encore qu'il
parte d'vne main tremblante,
& qu'il ne soit qu'ebauché, ils
y auront decouuert des traits
admira

EPITRE.

admirables de l'original, qu'on
ne sçauroit parfaitement imiter.
C'est de ce portrait, MONSEI-
GNEVR, dont mon idée a
esté incessamment remplie depuis
l'honneur que VOSTRE EX-
CELLENCE, me fit de me soufrir dans son entretien. Elle eut
la bonté de me receuoir auec
cet air engageant qui luy
gagne les cœurs de tout le
monde, & particulierement
des Etrangers, qu'elle ne ren-
uoye jamais que tres satisfaits.
Pendant vne heure que me dura
la gloire que j'eus de parler à
VOSTRE EXCELLENCE, qui
voulut

EPITRE.

voulut bien que je l'entre-
tinſſe de mes voyages en
Alemagne, en Angleterre &
au Nord, j'eus le temps,
MONSEIGNEVR, de
contempler cette haute mine,
cet air graue & doux, ce
teint vif, ces yeux pleins de
feu, ce ton de voix qui char-
me l'oreille, cette action ſi
belle & ſi degagée, & en
general tout ce dehors admirable qui Vous attire d'abord
de la veneration & de l'a-
mour. Mais, MONSEI-
GNEVR, je dois auoüer
que ie ne m'arreſtay pas tant à
ce

ce bel exterieur, à ce magnifique frontispice, qu'à ce que
ie me promettois de la beauté
du dedans, & sur la foy de
mes yeux & de mes oreilles
ie me confirmay entierement
dans la creance que j'auois eüe
en la foy publique, qui m'auoit
depeint VOSTRE EXCEL-
LENCE, comme vne des
plus sages personnes de la Terre, & des plus éclairées dans les
affaires de tous les Estats. Ie
découuris dans son entretien
des lumieres qui ne m'auoient
point paru iusques alors, &
j'en tiray de belles instructions
pour

pour le projet que j'ay fait de
remettre plus exactement mon
Europe Viuante soûs la presse.
C'est, MONSEIGNEVR,
cette voix publique, qui m'ap-
prit encore dans mes deux
voyages à Turin, qu'estre
desinteressé, qu'estre sincere,
laborieux & zelé pour le seruice & la gloire de son Prince sont de rares qualitez essen-
tiellement attachées à VOTSRE
EXCELLENCE, & bien con-
nues de SON ALTESSE
ROYALE, qui estant un
Prince actif & magnamine,
veut un Ministre qui soit
vigilant

EPITRE

vigilant & genereux. Le choix
qu'elle a fait de Vôtre Personne pour la charge la plus im-
portante de l'Eſtat, l'ame &
le ſoûtien de toutes les autres
charges, a eſté ápuyé ſur vôtre propre merite, à qui vous
deuez toute Vôtre gloire, ſans
que la brigue y ayt eu la moin-
dre part. L'Auguſte Maître
que Vous ſeruez eſt un des
Princes du monde les plus
éclairez, il ſçait admirablement l'art de connêtre les
hommes, autant qu'il con-
noiſt le prix des choſes, &
il ne Vous honore particulie-
ment

ment de sa confidence, que parce
qu'il est persuadé que Vous en
estes tres digne, & que Vous
le seruez auec une entiere fidelité, & un zele incomparable. Il a decouuert en Vous le
parfait caractere d'un Grand
Ministre d'Estat, & sur tout
un esprit laborieux & infati-
gable, ce qui luy a plû infiniment; ce Grand Prince qui sert
d'exemple à ses peuples, estant
bien aise de voir son image en
ses principaux Ministres, &
l'amour de la gloire qui ne se
trouue pas moins dans le cal-
me que dans l'orage, & à
conseruer des Estats qu'à en
aquerir, l'ayant endurci dans
les trauaux. Le bien des affaires

EPITRE.

de S. A. R. & la felicité de son
regne sont, MONSEIGNEVR,
les soins glorieux qui vous ocupent vniquement ; vous auriez
fait scrupule de les partager auec
les pensées où la Nature nous
porte pour des enfans, & ne se-
roit-ce point par cette raison que
le Ciel ne vous en a pas donné?
De trois Illustres Freres que Vous
auez, dont le Piémont s'est fait
deux Euesques, le Comte de S.
Michel Seigneur qui a de tres
belles qualitez, est le seul qui peut
soûtenir Vôtre Famille, & eter-
nizer vn Nom, que V. E. rend
si fameux. C'est, MONSEI-
GNEVR, à ce Nom fameux,
& que d'ailleurs l'Histoire aura
soin de conseruer, que ie prens la

hardieſſe de conſacrer cet ouurage. Il traite des Spectacles & de
la magnificence qui les ácompagne: mais quelques pompeux
qu'ils ſoient, comment ozeront
ils parétre en Vôtre Cour,
tandis qu'apres auoir áplani
les Alpes, SON ALTESSE
ROYALE, qui ne fait que
de Royales entrepriſes, trauaille inceſſamment à donner
à l'Vniuers vn ſpectacle des
plus ſuperbes, & qui durera
toûjours, par vn agrandiſſe-
ment conſiderable de ſa Ville
de Turin? Quoy qu'il ne ſe
puiſſe rien imaginer de plus

beau

EPITRE.

beau dans la Nature que ce
riche amphithéâtre, ce costeau
delicieux qu'elle a en veüe le
long du Po, & que cette
suite de magnifiques Hostels
qui regnent depuis la porte du
Valentin iusques au Palais
Ducal, le projet de SON
ALTESSE ROYALE,
va donner vn nouueau lu-
stre à Turin, qui ne deura ceder à aucune des plus belles
Villes d'Italie. Ce sera là veritablement vn Spectacle à
voir, & à attirer de bien loin
les Etrangers : mais, MON-
SEIGNEVR, ces Illustres soins
n'empes

EPITRE.

n'empeſchent pas que *SON
ALTESSE ROYALE* ne
jette quelquefois les yeux ſur
d'autres moindres ſpectacles,
& qu'ayant le gouſt fin &
delicat, & le diſcernement excellent pour toutes les belles
productions, Elle ne prenne
plaiſir à la repreſentation d'vn
Poëme Dramatique. Elle témoigne que nôtre Theâtre
François ne luy deplaiſt pas,
& donne aſſez de marques de
l'eſtime qu'Elle en fait, lors
qu'il eſt acompagné des agrémens neceſſaires, & ſoûtenu
par des Autheurs de merite &

de

EPITRE.

de bons Acteurs. Apres cela,
MONSEIGNEVR, VOSTRE
EXCELLENCE, pourroit elle
me refuser son Illustre protection
pour mon Théâtre François, &
ne voudra t elle pas bien être à
la teste de cent mille honnestes
gens qui parlent en sa faueur :
Puisqu'elle daigna il y a deux
ans me donner vne heure pour le
recit de mes voyages, je luy èn
demande autant pour la lecture
de mon Liure : & ie sçais,
MONSEIGNEVR, que ie ne
luy demande rien qu'elle ne
puisse bien faire , puisqu'vn
esprit vaste & net comme le
sien

EPITRE

sien, vif & penetrant peut
suffire à tout. Mais enfin ce
n'est pas encore ce que ie sou-
haite auec plus de passion, &
ie ne seray entierement satisfait, que lors que i'auray apris
que vous aurez agreé le vœu
que i'ay fait d'estre toute ma
vie auec vn profond respect,

MONSEIGNEVR,

DE VOSTRE EXCELLENCE.

Le tres-humble & tres
obeïssant seruiteur

Samuel Chapuzeau

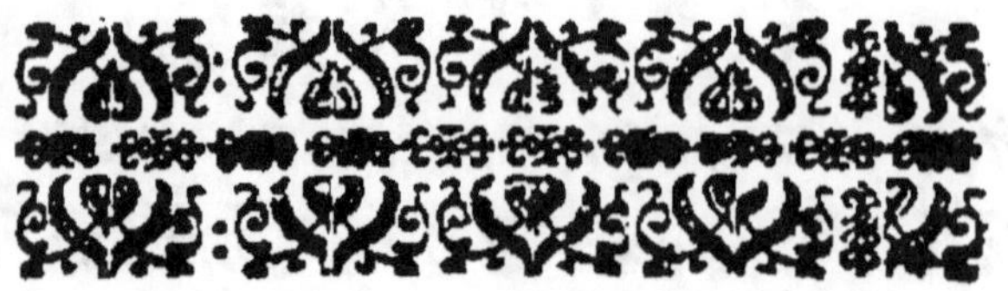

DESSEIN
DE
L'OVVRAGE.

IL s'est trouuê des Sça-
uans qui ont bien vou-
lu nous donner leurs
pensées sur la conduite du
Poëme Dramatique, & nous
éclaircir les loix du Theâtre
que nous auons receuës de
l'Antiquité. Il me seroit glorieux de marcher sur leurs
pas, & de pouuoir rendre mes
sentimens sur cette matiere
dignes d'estre leus ; mais je
prens vne autre route, & ne

é   mo

me propose de traiter icy
qu'vn sujet moral, qui ne regarde que l'vsage de la Comedie, le trauail des Autheurs,
& la conduite des Comediens;
ce que ie reduis en vn petit
corps d'histoire. Si ie ne puis
luy donner les graces de nôtre Langue que ie n'ay iamais
bien sceuë, elle aura au moins
les graces de la nouueauté,
& ne deplaira pas sans doute
à ceux qui aiment le Theâtre
& les plaisirs du Spectacle.
Comme ie suis de ce nombre,
ie n'en ay guere manqué toutes les fois que mes affaires
m'ont rápelle à Paris des Prouinces Estrangeres où iay presque toûjours vêcu depuis tren-
te ans, & m'estant rencontré
l'hyuer dernier à Cologne
auec des gens qui décrioient

fort

fort la Comedie , i'en ay étu-
dié & la nature & l'vfage
auec plus d'application que
ie n'auois fait , pour en bien
juger moy méme , fans m'ar-
refter aux fentimens de quelques particuliers. Ils pronon-
cent fouuent des arrefts felon
leur temperament , & fans
bien examiner les chofes ,
comme ce Iuge feuere qui
s'eftant endormi à l'Audien-
ce pendant qu'vne caufe fe
plaidoit , ne parloit quand
il falut opiner , que de pen-
dre ou de faucher , fans s'informer plus auant , ny fe fou-
cier de fçauoir l'affaire. D'autres condannent les chofes
fur de fimples prejugez, fans
vouloir prendre la peine de
les éclaircir , & il y en a enfin
qui pour fauuer les dehors

é 2　　　dans

dans les conditions où ils se
trouuent, blâment par maxi-
me ce qu'au fond ils ne defa-
prouuent pas entierement. Le
Theâtre François dont j'ay
entrepris d'écrire l'histoire
dans ma solitude, n'est pas
bien connu de la plufpart de
ceux qui se déclarent ses ennemis, & ils s'en font de
fauffes idées, parce qu'ils les
appuyent sur de faux raports.
Ils meprisent l'original sur de
méchantes cópies que l'on
leur expofe, comme auant
que d'auoir veu vne ville
que nous depeint vn Voya-
geur chagrin à qui elle n'a
pas plû, nous en formons vne
trifte image que l'objet dement quand nous la voyons
de nos propres yeux. On se
de à juger des chofes
sur

fur la foy d'autruy , il faut
auoir vn peu de bonne opinion de foy-mefme, & ne
rien áprouuer ou condanner
qu'auec pleine connoiffance
& le difcernement que nô-
tre raifon fçait faire du bien
& du mal. A voir la Come-
die , à frequenter les Comediens, on n'y trouuera rien
au fond que de fort honne-
fte ; & ces enjoûmens , ces
petites libertez que l'ou re-
proche au Theâtre ne fons
que d'innocentes amorces
pour attirer les hommes par
de feintes intrigues à la fo-
lide vertu. C'eft ce que j'ef-
pere de faire voir affez clairement , & me dépouillant
icy de tout intereft , ie m'é-
loigneray egalement de la fla-
terie & de la fatire ; & diray

é 3   les

les choses comme elles sont.
Ils n'est pas besoin pour mon
projet, de remonter à l'origine de la Comedie, que ie me
contenteray de toucher en
peu de mots, ny de faire
voir quels étoient les Comediens en Grece du temps de
Sophocle & d'Euripide, ou
en Italie quand Plaute & Te-
rence trauailloient pour le
Theâtre. Cela n'a rien de
commun auec nôtre siecle, &
il me suffit de montrer, de
quelle maniere se conduisent
presentement les Comediens,
& quelle est la nature de la
Comedie depuis qu'elle est
dans son lustre par l'estime
qu'en a fait vn Armand de
Richelieu, & les graces que
luy a données vn Pierre Corneille. S'il a esté permis d'exposer

pofer au public en deux dif-
ferens tableaux le caractere
des paffions & leur droit vfage,il me le fera fans doute auffi
de les reduire en vn feul, &
de faire voir que la Comedie qui eft vne peinture viuante de toutes les paffions,
eft auffi vne école feuere pour
les tenir en bride , & leur
prefcrire de juftes bornes
qu'elles n'ozeroient paffer. Le
difcours ne touche pas comme l'action, & les plus belles
penfées d'vne harangue n'ayant fur le papier que la moitié de leur force , elles reçoiuent l'autre de la bouche de
l'Orateur. Il en eft de même
du Poëme Dramatique, & il
ne produit fes grands effets
que fur le Theâtre par l'agré-
ment que luy donne le Co-
medien.

ē 4

DESSIEN

médien. Ainſi à prendre les
choſes dans l'ordre, j'ay creu
qu'il me falloit parler en premier lieu de l'inſtitution &
de l'vſage de la Comedie, &
combatre doucement l'erreur
populaire, qui porte bien des
gens à la condanner ſans la
connêtre. Apres j'ay deü venir aux Autheurs qui ſoû-
tiennent le Theâtre depuis
qu'il eſt dans ſon lüſtre, &
donner le catalogue des ouurages qui y ont eſté repreſentez. ie fais ſuiure les Comediens , ie découure leur
politique & la forme de leur
gouuernement ; de là je paſſe
à leur établiſſement dans la
Capitale du Royaume, & produis enfin les noms des
Acteurs & des Actrices des
deux Hoſtels juſqu'à la fin de
l'année

l'année preſente mil ſix cens
ſoixante treize. Ce ſont là les
trois articles qui fourniſſent
de matiere aux trois petits
liures de mon hiſtoire , &
ceux qui aiment la Comedie
ne ſeront pas ſans doute fâchez de bien connêtre les
Comediens.

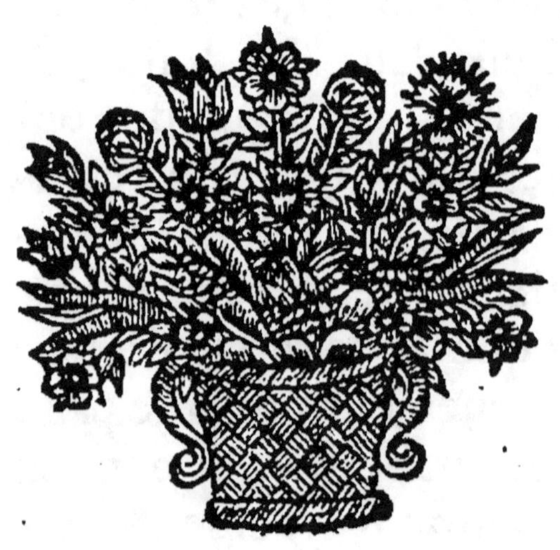

ẽ s   SOM

SOMMAIRE

Des Matieres contenües
dans les trois Liures

LIVRE PREMIER.

De l'Vsage de la Comedie.

DES MATIERES

é 6 XV.

SOMMAIRE

LIVRE SECOND.

Des Autheurs qui soûtiennent le Theâtre.

SOMMAIRE

iours

LIVRE TROISIEME.

De la Conduite des Comediens.

I. DEux fources des plaifirs
qu'on va goûter au Theâ-
tre.

II. Difference des genies entre les Comediens.

III. Excellent compofé du
Comedien & du Poëte.

IV. Interefts des Comediens
apuyez par les declarations du
Souuerain.

V. Leur affiduité aux exercices

SOMMAIRE

DES MATIERES.

SOMMAIRES

DES MATIERES.

SOMMAIRE

Nihil
Feliciùs diſcitur,
Quàm quod
Ludendo diſcitur.

Eraſm. in Colloq.

PERMISSION.

IE n'empesche pour le Roy, qu'il soit permis à Michel Mayer, de faire imprimer le Liure intitulé, Le THEATRE FRANÇOIS, & que les deffences ordinaires luy soient accordées pour trois années, à Lyon ce 22. Ianuier, 1674.

VAGINAY.

CONSENTEMENT.

SOit fait suiuant les conclusions du Procureur du Roy, les an & jour cy-dessus.

DE SEVE.

LE THEATRE FRANÇOIS.

LIVRE PREMIER.

De l'vsage de la Comedie.

I.
Origine de la Comedie.

LE Theatre Fran-çois, qui est aujour-d'huy au plus haut point de sa gloire, en est redeuable aux Autheurs qui l'apuyent par l'excellence de leurs ouurages, & aux Acteurs qui le rendent si ma-gnifique par la beauté de leurs representations. C'est ce qui fait l'enchaînement si étroit

A A   de

de la Comedie auec le Poëte
& le Comedien, qu'il eſt difficile de les ſeparer, & qu'il
faut preſque toûjours les faire
marcher enſemble. Ie taſche-
ray toutefois de diſtinguer les
choſes, & de ne m'écarter pas
du ſujet que ie me propoſe de
traiter dans chaque liure. I'ay
à parler en celuy-cy de l'vſage
de la Comedie, c'eſt à dire de
la fin pour laquelle ie trouue
quelle à eſté inuentée; eſtant
bien éloigné de l'opinion de
quelques Critiques, qui veulent qu'elle doiue ſa naiſſance
à vne debauche de jeunes
gens. L'autheur qui eſt leur ga-
rent n'aura pas bien pris la choſe, & ce qu'il raporte eſt vn
incident dont il peut y auoir
eu plus d'vn exemple dans tous
les âges de la Comedie, comme

me nous voyons souuent nôtre jeuneſſe dans la gayeté faire des parties pour ſe diuertir,
& étudier vne piece de Theatre pour regaler le voiſinage
de ſa repreſentation. Il eſt bien
plus vray-ſemblable que les
Grecs, qui dans la belle Politique & dans toutes les ſciences
ont été les Maîtres des Romains & des Gaulois, qui ont
porté les belles Lettres & à
Rome & à Marſeille, ont trauaillé ſerieuſement à inſtruire
les hommes de toutes les fa-
çons, & à les amener à la po-
liteſſe & à la vertu par toutes
les voyes imaginables. Leurs
Legiſlateurs ſe ſont tres ſage-
ment auiſez de donner aux
Peuples quelques diuertiſſemens pour prendre haleine
dans les affaires, dont ſans cela

 l'eſprit

l'esprit seroit accablé,& d'oster
par ce moyen à ceux qui vi-
uoient dans l'oysiuité & dans
la debauche, la pensée & le
tems de former des cabales
contre l'Estat. l'auoüe que ces
diuertissemens passerent bien
tost dans vn excez condamna-
ble, qu'ils deuinrent des spectacles de cruauté & de turpi-
tude ; & que la Comedie qui
ne deuoit être qu'vn honneste
& vtile amusement, fut raua-
lée par Aristophane, autant
qu'elle receut de gloire des autres Poëtes Grecs. Mais l'intention de ceux qui l'ont inuentée estant suiuie, elle ne
peut produire que de bons effets, & c'est sur le pied de cette
sage Politique de l'ancienne
Grece,que les Latins, & apres
eux, tous les autres Peuples de
l'Europe

l'Europe ont jugé à propos
d'introduire le bel vfage de la
Comedie, & d'apuyer les Comediens. Voicy les raifons
qu'ils ont eües, fur tout les
François, qui fçauent parfaitement le prix des chofes, &
qui ont eftimé la beauté d'vne
jnuention qui a percé tant de
fiecles, pour atteindre chez
eux le plus haut degré de perfection où elle pouuoit monter.

  Toutes les Societez qui font I I.
des manieres de Republiques, Diuer-
& qui concourent enfemble fes So-
au bien de tout l'Vniuers, ont cietez
toutefois chacune & leurs loix tuées
& leurs coûtumes, & vne fin bien,
particuliere, fur laquelle leur public.
établiffement eft fondé. C'eft
le centre où viennent aboutir
toutes leurs refolutions; & ces
    A 3   fins

fins particulieres tendant à la generale, vont toutes à l'auan-tage public ; il n'y à de la dif-ference que du plus au moins.

Il y a de ces Societez, qui ont pour objet de fournir à l'homme tout ce qui luy eſt neceſſaire pour le corps, & juſ-qu'aux delicateſſes dont il ſe pourroit paſſer. Elles embraſ-ſent pour cela vn commerce vniuerſel dans toutes les par-ties de la Terre ; & la fin que ces Societez là ſe propoſent eſt tres loüable & vtile.

Il y en a d'autres qui n'ont pour but que de fournir à l'homme tout ce qui eſt neceſ-faire pour l'eſprit , ſoit pour l'eleuer aux belles connoiſſan-ces , ſoit pour le former à la vertu , & luy donner de l'hor-reur du vice. Comme on peut

ſe

se prendre de deux manieres pour paruenir à ce but, & s'y rendre par deux chemins dif-ferens, il estoit à propos qu'il y eust pour cela deux sortes de Societez; les vnes qui traitas-sent les choses d'vn air graue & serieux, les autres qui les prissent d'vne maniere en-joüée, pour s'accommoder à tous les esprits. Ces deux sor-tes de Societez ont la mesme fin, & que nous importe par quel moyen elles y arriuent, & de quel vent nôtre vaisseau entre dans le port, pourueu qu'il y entre heuresement?

Des deux routes que j'ay dit que l'on peut prendre pour paruenir à cette loüable fin, les vns ont fait choix de celle qui est aspre & difficile, & dont les hommes s'écartent

fouuent pour en chercher vne
qui foit moins rude. Les autres
fuiuent la plus agreable & la
plus aisée, ils font profeffion
d'enfeigner en joüant la belle
fcience, qui eft aujourd'huy
celle du Monde, & de porter
doucement les hommes à haïr
le vice, & à cherir la vertu.

III.
Diffe-
rentes
manie-
res d'en-
feigner
les hõ-
mes.

S'il eft vray que tous les
chemins font beaux pour aller à l'ennemy, & que la rufe
n'eft pas blâmée à la guerre, les
Comediẽs qui la font adroitement au vice & à la folie, &
qui peuuent fe vanter de rem-
porter fouuent d'Illuftres victoires, meritent d'eftre loüez.
Tous les efprits n'eftant pas
femblables, les vns ne fe laif-
fent vaincre que par la force
& par d'aigres remonftrances,
les autres que par la douceur

&

& des difcours enjoüez, qui
les perfuadent mieux que les
grans raifonnemens & le fe-
rieux incommode de ces Docteurs qui les effarouchent.
Toute la morale roule fur la
fageffe & la folie du monde;
& cette folie eft infeparable-
ment attachée au vice, comme
la fageffe l'eft à la vertu. Mais
outre la malignité du vice de
laquelle le vicieux fait fouuent trophée, ne fe rendant
guere quand on ne le bat que
de ce côté, il s'y decouure certain ridicule qui luy fait honte, & l'attaquer par cet endroit
là eft le mettre d'abord hors
de defence. Il ne peut fouffrir
qu'on le joüe, & qu'on le faffe
paffer pour fot ; il aime mieux
fe corriger de fa fottife, & en
quitant le ridicule du vice, il

A 5   en

en quite ce qu'il y a de malin, il
le quite tout entier. C'est d'où
proceda l'artifice de ces Peres,
qui pour donner de l'horreur
de l'yurognerie à leurs enfans,
faisoient boire par excez leurs
domestiques , qui se produisoient deuant eux auec des postures ridicules. Les Roys qui
sont les Peres des Peuples, ont
trouué de méme fort à propos
qu'il y eust des gens deuoüez
au seruice du Public , pour
nous representer bien naïue-
ment vn auare, vn ambitieux,
vn vindicatif, & nous donner
de l'auersion pour leurs defauts ; puis qu'en effet toutes
les passions dereglées nous de-
duisent à l'Estat de ces yuro-
gnes, à qui le vin trouble la
raison.

Mais ne parlons pas encore
des

des Comediens, & attachons
nous particulierement à la nature de la Comedie. Pour ne
pas confondre les termes, &
rendre les choſes plus claires
à ceux qui n'ont pas leu la
Poëtique de Scaliger, & qui
ignorent la pratique du Theatre, il faut leur mettre deuant
les yeux l'Arbre du Poëme
Dramatique, c'eſt à dire la difference des Poëmes que l'on
deſtine au Theatre. Le Poëme
Dramatique eſt la tige de l'arbre. Ses deux branches princi-
pales ſont le Poëme Heroïque
& le Poëme Comique le Poëme Heroïque fait deux ra-
meaux, la Tragedie & la Tragi-Comedie; le Poëme Comique en fait deux autres, la Comedie & la Paſtorale. Toutes
ces eſpeces du Poëme Drama-

IV.

L'Arbre
du Poë-
me Dra-
mati-
que.

A 6

tique

tique se peuuent traiter en
prose ou en vers : mais les vers
asseurement , s'ils sont bien
tournez, chatoüillent plus l'o-
reille que la prose, & donnent
plus de grace & de force à la
pensée. I'entends les vers re-
guliers ; car pour les irregu-
liers , ie ne trouue pas auec
bien des gens qu'ils plaisent
fort au Theâtre , & ils ne sont
agreables que dans vn madri-
gal ou vne chanson.

La Tragedie est vne representation graue & serieuse d'v-
ne action funeste, qui s'est pas-
sée entres des personnes que
leur grande qualité , ou leur
grand merite releuent au dessus des personnes communes,
& le plus souuent c'est entre
des Princes & des Roys. *La*
Tragi-Comedie nous met deuant

les

les yeux de nobles auantures
entre d'Illuftres perfonnes me-
nacées de quelque grande in-
fortune, qui fe trouue fuiuie
d'vn heureux euenement. *La
Comedie* eft vne reprefentation
naïue & enjoüée d'vne auanture agreable entre des perfonnes communes; à quoy l'on
ájoûte fouuent la douce Sa-
tyre pour la correction des
mœurs. *La Paftorale* n'a pour
objet qu'vne auanture de Ber-
gers & de Bergeres, comme
l'Amarante de Gombaud.

Pour ce qui eft du fujet qui
eft au choix du Poëte, il eft
Hiftorique, ou fabuleux, ou
meflé, la verité & la fiction
s'alliant enfemble, ce qui arriue les plus fouuent. L'Hiftoi-
re eft rarement portée fur le
Theatre dans toute fa pureté,
&

& quand elle se trouue trop
nüe, elle ne refuse pas quelques agrémens que l'inuention du Poëte luy peut donner. I'ay crû deuoir expliquer
toutes ces distinctions du Poëme Dramatique , parce que
dans la suite de mon discours,
ie prendray vne des parties
pour le tout, & la Comedie
pour tous les ouurages de
Theatre qu'embrasse le Poëme
Dramatique . ce nom d'vne
espece particuliere estant deuenu vn nom general, & l'vsage voulant que la Tragedie,
La Tragi-comedie & la Basto-
rale passent aujourd'huy soûs
le nom de *Comedie*.

V.
La Co-
medie
estimée
de tou-
tes les
nations. Ie diray donc, & en peu de
mots, que la Comedie à esté
en tres grande estime dans toute l'Antiquité ; Que les Grecs
&

& les Romains, comme ie l'ay
dit, en ont egalement reconnu
l'vtilité ; ce que Ciceron témoigne affez dans la caufe du
Comedien Rofcius, qu'il de-
fendit auec tant d'ardeur; Que
de grans Princes , n'ont pas
dedaigné d'en faire & de les
reciter en public ; Qu'il n'y à
point aujourd'huy de nation
dans l'Europe qui n'en face
eftat ; Que l'Efpagnole & l'Italienne en font vn des ornemens de la folennité des jours
les plus Saints ; Que le Grand
Cardinal de Richelieu , l'vn
des plus éclairez de tous les
hommes, l'aimoit, l'apuyoit,
honoroit les Autheurs de fon
eftime , fauorifoit les Comediens ; & pour dire plus que
tout cela ; Que Le Roy, l'In-
uincible LOVIS , les delices

de

de ſes peuples & l'admiration
de l'Vniuers, trouue des charmes dans la Comedie, dont
il connoiſt parfaitement toutes
les beautez, & qu'il la prend
pour vn de ſes plus doux diuertiſſemens, quand il ſe veut
donner quelques momens de
relaſche dans les grands ſoins
qui l'ocupent inceſſamment
pour la gloire de ſon Regne &
le bien de ſes ſujets.

VI.
De Spe-
ctacles
qui ſe
donnét
aux
Colle-
ges.

La Comedie, qui par cette
ſeule raiſon deuroit auoir autant de partiſans zelez qu'il y
a de gens en France, ne manque pourtant pas d'ennemis
qui la dechirent, & qui ar-
ment contre elle & contre
ceux qui la font, les Peres &
les Conciles. Leurs Decrets,
ie l'auoüe, ſont des armes ſa-
crées, deuant leſquelles les De-
fenſeurs

fenſeurs de la Comedie doiuent humblement baiſſer les
leurs; & bien loin d'auoir la
temerité de leur contredire,
il nous faut croire qu'ils n'ont
eu que de bonnes intentions.
Mais il ſe peut faire qu'on les
cite quelque fois mal à propos,
& que les Poëmes Dramati-
ques de nôtre tems n'auroient
pas eſté generalement l'objet
de leur ſeuere cenſure. Auſſi
voyons nous qu'ils ne ſont pas
tous bannis de nos Colleges,
où i'ay veu repreſenter des ouurages de Plaute, & de Teren-
ce auſſi bien que de Seneque;
ni même des Communautez
Religieuſes, où l'on dreſſe tous
les ans de ſuperbes Theatres
pour des Tragedies, dans leſquelles par vn meſlange inge-
nieux du ſacré & du profane

toutes

toutes les paſſions ſont pouſ-
ſées juſqu'au bout. On y employe méme pour de certains
rôles d'autres perſonnes que
des Ecoliers , on y danſe des
balets. Toute la difference qui
ſe trouue entre ces ſpectacles
là contre quoy on ne dit mot,
& ceux que donnent les Comediens contre leſquels on
murmure , conſiſte dans le
langage , & dans la qualité
des Acteurs. Dans les premiers on ne parle que Latin,
& on! ne void point de femmes. Mais le Latin eſt entendu,
& des Acteurs & des Spectateurs. Ces paſſions d'amour ,
d'ambition , de colere , & de
vengeance qu'on veut que la
Comedie ſoûleue , tandisque
le Chriſtianiſme à pour but de
les abatre , peuuent à ce conte
faire

faire vne auſſi forte impreſſion
dans les eſprits des gens qui
parlent & qui écoutent, qu'elles en feroient le lendemain
ſur le Theatre François à vne
repreſentation de *Cinna* ou de
Pompée. La morale Chreſtien-
ne ne pretend pas de depouil-
ler l'homme de ſes paſſions,
elle entreprend ſeulement de
les regler, & de luy en montrer le droit vſage. Soit dans
nos Comedies, ſoit dans nos
Romans, leurs Autheurs ſe
propoſent le méme but, ils
étoufent la vengeance dans
l'ame de leurs Heros, ils donnent des bornes à leur ambition & à leur colere, ils ne leur
ſoufrent point d'extrauagance
dans leur amour, & ne nous
offrent pas ſeulement en eux
des exemples d'vne vertu ordinaire,

dinaire, mais d'vne vertu acheuée, & au plus haut degré où
elle ſçauroit monter.

Mais, me dira-t-on encore,
on ne void point de femmes
ſur le Theatre dans les Comedies qui ſe repreſentent aux
Colleges; car dans l'aſſemblée
il y en a vn grand nombre, &
feu Mademoiſelle de Gournay
qui ſçauoit parfaitement &
le Grec & le Latin, m'a dit
qu'elle y alloit quelquefois
dans ſes ieunes ans. Ie ne ſçais
s'il eſt moins blâmable de voir
des hommes traueſtis en femmes & prendre l'habit d'vn
autre ſexe que le leur, ce
qui hors de pareilles occaſions, & des temps ácordez
aux rejouiſſances publiques,
eſt puniſſable & defendu par
les Loix. Il faut ſe faire juſtice
les

les vns aux autres. Les ſpectacles qui ſe donnent aux Colleges ſont tres loüables. C'eſt vne feſte publique, qui ſert de couronnement aux nobles trauaux de toute vne année, & dans laquelle on diſtribuë des prix à la Ieuneſſe, qui a fourni ſa carriere auec honneur. Cela l'excite à y rentrer auec plus d'ardeur apres vn peu de relaſche, cela luy donne vne honneſte hardieſſe à parêtre en public, & à parler vn iour d'vn ton ferme & d'vn geſte libre dans vne Chaire, ou dans vn Barreau.

Toute nôtre jeune Nobleſſe n'entend pas le Latin, & ne va pas au College ; il eſt juſte qu'elle ayt auſſi ſa part du plaiſir & du profit de la Comedie dans la langue qu'elle entend;

VII.
La tel
vſage de
la Co-
medie.

entend; & puiſque dans' nos
Poëmes Heroïques (car c'eſt
de ceux là dont il s'agit à preſent) on void éclater les plus
beaux traits de l'Hiſtoire ,
qu'on y void combatre la gloire & l'amour , & la gloire
comme la Maîtreſſe l'empor-
ter toûjours ſur les paſſions
les plus violentes ; qu'on y
void enfin le crime puni , la
vertu recompensée , & les
grandes actions en leur plus
beau iour ; qui n'auoûra qu'on
ne peut enuoyer nos jeunes
Gentis-hommes nez pour la
guerre à vne meilleure Ecole
que celle-là , & qu'en voyant
ces beaux exemples de valeur
& de zele pour ſon Prince ,
comme en vn Eucherius fils
de Stilicon ; ces genereux ſentimens d'amour & de fidelité
incorruptible pour ſa Patrie,

comme en vn Seeuole , ces hautes idées ne s'impriment bien fortement dans leurs ames , & qu'ils ne conçoiuent des desirs ardens d'aquerir de méme de la gloire au seruice du Roy, & de se porter pour luy aux plus grandes actions.

Voila en peu de mots quelle est la nature de la Comedie, & les vsages qu'on en peut ti-rer. Il y a toutefois des gens qui la condamnent , & qui la condamnent sans la bien con-nêtre. Ecoutons les,& taschons de satisfaire à leurs objections, ce qui n'est pas difficile.

Ils ont acoustumé de con-fondre la Comedie auec tous les spectacles de l'Antiquité,& ont de la peine à souffrir que l'on en face quelque differéce. La Comedie n'a rien de cruel

VIII.
Reflexion sur les sentimens des Peres & des Cóciles.

comme

comme les spectacles des anciens Gladiateurs, dont il se void encore quelques restes en Alemagne en Angleterre, & en Italie. Elle n'a rien de sale, si le Poëte ne sort des bornes que la bien-seance luy prescrit ; & ce n'est proprement que contre les spectacles ou sanglans, ou deshonnestes, qui combatent la charité & la pureté du Christianisme, que les Conciles & les Peres se sont declarez.

IX.
La guerre Profession Illustre, quoy qu'elle soit cause de bien des maux.

La guerre n'a iamais esté generalement condannée entre les Chrestiens, quoy qu'elle nous produise des spectacles les plus sanglans & les plus affreux, vne campagne couuerte de corps, ou morts, ou mourans, à l'issue d'vn bataille rangée ; vne mer qui engloutit

des

des vaiſſeaux que le canon de
l'ennemy à briſez, & des mil-
liers d'hommes qui periſſent
à la fois dans les eaux & dans
les flames par le deſeſpoir d'vn
Capitaine inſenſé qui a mis le
feu aux poudres plûtoſtque de
ſe rendre à la merci du vain-
queur ; vne ville enfin priſe
d'aſſaut, & qui deuient vn
Theâtre de ſales actions & de
cruautez barbares. A oüir parler les gens qui ſe ſont trouuez
en de pareilles occaſions, on
ne ſe peut rien figurer de plus
horrible que ces ſortes de ſpectacles, & les ſeuls tableaux
que les Peintres nous en donnent, nous font fremir.

> I'y vois la foudre toûiours preſte,
> Et la flame & le plomb, qui formant dans
> 　　　　　(les airs)
> Vne ardente & double tempeſte,
> Y font l'image des Enfers.

　　　　　C'eſt

C'eſt le portrait que nous fait
de la guerre Monſieur l'Ab-
bé Boyer , vn des Illuſtres
de l'Academie Françoiſe, dans
l'Ode ſçauante qu'il à miſe
au iour ſur la priſe de Maſtric.
Sans venir aux mains, la guerre produit aſſez d'autres maux,
& la marche d'vne armée de-
ſole ſouuent tous les lieux où
elle paſſe. Cependant la guerre eſt le noble meſtier des
Roys, la guerre eſt iuſte & loüa-
able , quand elle a pour fin la
defence de leurs Droits & le
ſoûtié de leur gloire, & le mauuais vſàge qui s'en peut faire
n'a iamais porté les Directeurs
du Chriſtianiſme à la condanner entierement. Diſons en vn
mot qu'il ny à rien de parfait
au Monde, qu'il n'y a point de
profeſſió qui n'ayt ſes defauts,

&

& que sur ce pied là il faudroit les abolir toutes, ou vne
grande partie, ce qui iroit trop
au desauantage de la societé ci-
uile, & à quoy l'on ne pensera
jamais.

Mais enfin si l'on veut absolument que l'intention des Peres ayt esté plus loin que les
spectacles sanglans, & que
nôtre Comedie doiue estre
comprise dans leur censure, ce
ne sera peut estre pas vne ab-
surdité de croire qu'ils n'en
ont vsé de la sorte que pour
couper de plus pres la racine
aux abus de ces spectacles
cruels & lascifs, qu'ils ont tres
justement condannez, en
condannant tous les spectacles
generalement, de quelque nature qu'ils pussent estre. Quãd
vn enfant abuse de quelques

petites libertez que son pere
luy soûfre, il les luy retranche
toutes pour vn temps : mais
l'enfant se corrige , & le pere
relasche quelque chose de sa
seuere defence. Il n'y a rien
au monde, comme i'ay dit, qui
n'ayt son fort & son feble, ses
perfections & ses defauts.

X.
Paralle-
le de la
Poësie
& de la
Peintu-
re.

    La peinture est vne poësie
muete , comme la poësie se
peut dire vne peinture parlan-
te. Le pinceau nous represente vne passion d'amour , de colere, de vengeance aussi fortement que la plume du Poëte
& que la voix de l'Acteur.
Ceux cy nous touchent par le
beau tour du vers , & la grace
qu'ils luy donnent dans le recit ; le Peintre nous touche de
méme par l'assiette de ses figu-
res qui semblent parler, & qui
bien

bien souuent nous en disent plus que si en effet elles parloient. Nos tableaux & nos tapisseries ne nous offrent que de semblables objets, dont l'ame de celuy qui les contemple auec attention peut estre plus emeuë qu'elle ne le seroit par vn recit qui échape aisement à la memoire; & pour tout dire enfin, il y a autant à craindre du Peintre, que du Poëte & du Comedien. Mais les excez où le premier s'emporte ordinairement, ces nuditez & ces postures peu chastes dont les Palais sont remplis, n'ont pû obliger les plus seueres Censeurs à condanner generalement la peinture, qui a toûjours passé pour vn art tres noble, comme le Peintre dans sa profession passe pour

homme d'honneur. Le Come.
dien & La Comedie ont de
méme leurs defauts , ie ne
pretens pas les excuſer, & j'en
parleray bien toſt:mais ſi pour
cela on veut ſans exception
les bannir du Monde, il faut
auſſi en bannir par méme raiſon & le Peintre & la Peinture.

XI.
Il ſe
gliſſe
des abus
en tou-
tes Pro-
feſſions.
Voudroit on encore con-
damner l'Imprimerie & les
Imprimeurs pour quelques
mechans liures qui courent,
qui ſont ſales & impies, qui
attaquent la Religion & les
bonnes mœurs, qui décrient
vn Eſtat, & celuy qui le gou-
uerne? On punit L'Imprimeur
qui oze les mettre au iour, &
le Libraire qui oze les debiter:
mais on ne s'en prend pas à
ceux qui ſont innocens du
crime,

crime, & l'infamie d'vn particulier ne rejallit pas sur le public. L'Imprimerie & la Librairie qui ne font qu'vn mé-me corps, n'en font pas pour cela moins honorables, elles on vne bonne fin; & la Comedie, comme ie l'ay fait voir, en a auſſi vne bonne, qui peut être corompüe par les excez de quelques particuliers. On en pourroit dire autant, de la Medecine & des Medecins, & de pluſieurs autres Profeſſions. Si l'on eſt ſi rigide que de condamner entierement la Comedie & ceux qui la repreſentent, il faut condamner en même temps le Poëte qui la compoſe, l'Imprimeur qui l'imprime, le Libraire qui la debite, l'Auditeur qui l'ecoute, le Lecteur qui la lit, & le Poëte

qui est la source de tout le mal.
prétendu sera le plus condan-
nable. Mais tant s'en faut qu'il
le soit, que nous sommes con-
uaincus par l'Histoire de tous
les Peuples, & par celle de nos
temps, que les fameux Poëtes
ont toûjours esté honorez des
Princes & de leurs sujets, autant ceux qui ont trauaillé pour
le Theatre, que ceux qui se
sont renfermez dans les bornes du Poëme Epique; qu'on
leur a decerné des honneurs
publics, qu'on les a couronnez
qu'on leur a enfin dressé des
statues. Nous en auons des
exemples dans tous les siecles;
& pour ne parler que du nôtre, toute l'Europe a sceu les
hautes marques d'estime que
le Roy a bien voulu donner à
vn Pierre Corneille, à qui
l'excellence

l'excellécé de ſes Poëmes Dramatiques & de ſes autres ouurages a áquis vne gloire, dont
s'entretiendront tous les ſiecles à venir. Encore vne fois la
fin de la Comedie eſt bonne.
Les choſes les plus ſaintes ne
font nulle impreſſion ſur l'eſprit d'vn Libertin. Il ne depend que de l'Auditeur de tirer vn bon vſage de la Comedie ; s'il eſt ſage & intelligent,
il en fera ſon profit ; s'il eſt ignorant & vicieux, il en ſortira
tout auſſi beſte qu'auparauant,
& ce ne ſera la faute ny du
Comedien , ny du Poëte.

Agiſſons de bonne foy. N'eſt
il pas injuſte de blâmer la Comedie par le nom ſeul , ſans
examiner la choſe , & en con-
fondant l'intention de l'art
auec le mauuais vſage ? Ceux

XII.
L'eſprit
veut du
relaſ-
che dãs
la pieté
& dans
les uſ-
faires.

qui voudroient absolument
l'interdire comme vne chose
qui ne regarde pas directe-
ment le salut, seroient obligez d'en retrancher vne infinité de cette nature, où il y
auroit plus à redire qu'à la Comedie, & que l'on soufre aisement. On en veut sans doute
particulierement à la Comedie, par ce qu'elle a de l'éclat,
& qu'elle frappe la veüe. Ie ne
veux pas nier qu'il n'y ayt des
lieux qu'il vaut mieux frequenter que le Theâtre, cela
est hors de doute ; & il y en a
où il seroit bon d'estre incessamment, s'il n'auoit pas esté
ordonné à l'homme de trauailler, comme il luy a esté ordonné de prier Dieu. Mais la
plus solide pieté a ses interuá-
les ; vn veritable deuost n'est

pas

pas toûjours à l'Eglise, il ne peut pas estre toûjours attaché à la maison & à la profession qu'il a embrassée; il est homme, il demande du relasche, & quelque honneste diuertissement, ce que le Theâtre luy fournit. Car enfin, & pour abreger cette matiere, ceux qui condannent la Comedie ne la veulent pas regarder par les bons costez, & il y en a eu qui se sont trouuez d'humeur à porter en même tems leur censure contre des choses les plus innocentes. Vn grand & fameux Docteur s'est auisé de mettre la course des cheuaux au nombre des choses vaines & des spectacles qu'il n'approu-ne pas. Faudra-t-il pour cela defendre les courses de bague, fermer les maneges où l'on vit

XIII. Les Cour-ses de che-uaux côdam-néspar vn cele-bre Do-cteur.

B 6. auec

auec tant de difcipline, & bla-
mer la noble profeffion d'vn
Ecuyer qui enfeigne à manier
vn cheual, à courre & à volti-
ger de bonne grace ? La No-
bleffe a trop d'intereft à foûte-
nir la gloire & l'vtilité de cet
Illuftre exercice contre tout
ce qu'il y a jamais eu de plus
celebres Docteurs.

XIV.
Specta-
clesplus
dange
reuxque
la Co-
medie.

Enfin ceux qui veulent que
nous detournions les yeux de
toutes les chofes vaines, veulent vne bonne chofe, dont la
pratique feroit loüable dans le
Chriftianifme. Ils ont raifon
fur le fait de la Comedie de
nous batre fouuent de cette
fainte penfée, fur laquelle ils
fondent leur cenfure, & qui
faifoit le fouhait d'vn Grand
Roy, qui ne foufrant point,
comme il le témoigne luy
même,

méme, de flateurs ñy de fourbes dans fa Cour; ne foufroît
pas, auffi apparemment que
le luxe & la vanité y euffent
entrée. Mais quoy? les temps
font changez, & le font entierement; & s'il faut aujour-
d'huy detourner les yeux de
toutes les chofes vaines, il ne
faut pas aller ny à la Cour, ny
au Cours, deux fuperbes fpe-
ctacles, & des plus dangereux
au conte de nos feueres Cen-
feurs; Il ne faut pas fortir de
la maifon & fe montrer dans la
ruë, ou il faut comme vn Tar-
tufe rendre à la tentation,
prendre vn mouchoir à la
main, & baiffer la veüe à toute heure deuant mille objets
qui fe prefentent, & qui peuuent plus emouuoir les fens
de l'homme qui ne s'en rend
                                pae

pas le maître, que ce qui se voit au Theâtre, où ordinairement les oreilles sont plus attachées que les yeux.

XIV. Mais enfin pourquoy en la matiere dôt il s'agit se montrer plus delicat en France qu'en Italie & à Rome méme, où l'Inquisition est en vigueur pour le soûtien de la Religion & des bonnes mœurs? Chacun sçait que les principaux Directeurs du Christianisme ne font point de scrupule de fournir aux frais des *Opera*, d'en donner le spectacle dans leurs Palais, & méme des gens deuouez au seruice de l'Eglise, qui ont d'excellentes voix, paroissent sur les Theâtres publics, pour y joüer vn personnage en chantant. Est-ce qu'vn couplet amoureux secondé

des

des charmes d'vne belle voix
penetre moins auant dans les
cœurs de l'Assemblée, que
lorsqu'il est simplement recité
à nôtre mode? Ces spectacles
là ne sont ils pas de veritables Comedies en musique, &
les affiches donnant *aux Festes
de l'Amour & de Bachus* le nom
de *Pastorale*, & à *Cadmus &
Hermione* celuy de *Tragedie*,
ne les rangent elles pas auec
les Poëmes Dramatiques? N'est
ce pas à dire assez que ce sont
des Comedies, & ceux qui les
representent des Comediens,
à qui les Souuerains peuuent
donner des priuileges comme
il leur plaist? On fait sonner
bien haut en Espagne le zele
de la Religion, & toutefois en
Espagne on void introduire
sur les Theâtres publics des
perſon

perſonnages en habit Eccle-
ſiaſtique, ce qui ne ſeroit ſou-
fert en France en quelque maniere que ce fuſt.

 Ie ne pouſſeray pas dauan-
tage cette matiere, & j'en ay
aſſez dit, ce me ſemble, pour
faire voir que toutes les choſes du Monde ont leur bon &
mauuais vſage ; ce qui prouue
en méme tems que la Come-
die n'eſt pas exente de cette
regle, & que comme elle a ſes
áuantages, elle a auſſi ſes defauts ; Ce ſont quelques abus
qui s'y ſont gliſſez dans tous
les ſiecles, & auſquels le nôtre s'eſt auſſi quelquefois laiſſé
aller. Par les ſoins du Cardinal
de Richelieu elle fut remiſe en
France ſur le bon pied ; mais
on peut luy reprocher que depuis cette reformation elle
s'eſt

s'eſt vn peu licentiée. Le gouſt
change, & l'emporte ſouuent
ſur la raiſon. On veut de l'a-
mour, & en quantité, & de
toutes les manieres ; il faut le
traitter a fond, & dãs la Comedie on demande aujourd'huy
beaucoup de bagatelles, &
peu de ſolide. Pour ce qui eſt
de la Tragedie, l'Herode de
Monſieur Heinſius l'vn des
Poëmes les plus acheuez, plai-
roit peu à la Cour & à la Ville,
par ce qu'il eſt ſans amour ; &
la Sophonisbe qui a de la ten-
dreſſe pour Maſſiniſſe iuſqu'à
la mort, a eſté plus goûtée
que celle qui ſacrifie cette ten-
dreſſe à la gloire de ſa Patrie,
quoy que le fameux Autheur
du dernier de ces deux ouurages l'ayt traité auec toute la
ſcience qui luy eſt particuliere,
&

& qui luy a ſi bien apris à faire parler & les Carthaginois, & les Grecs, & les Romains comme ils deuoient parler, & mieux qu'ils ne parloient en effet.

XVII.
Senti-
mens de
quel-
ques
particu-
liers ſur
le Poë-
me
Comi-
que.

Soit que ce gouſt du ſiecle qui veut vn grand amour dans les grands ouurages de Théâtre, & force amouretes dans les ouurages Comiques, parte du genie de la Cour, ou de celuy du Poëte, il eſt conſtant que le Poëme Dramatique dans ſes deux genres & dans toutes ſes eſpeces n'a eſté jnuenté que pour diuertir & pour jnſtruire : mais tout le monde veut que le diuertiſſement paſſe le premier, qu'il l'emporte ſur l'inſtruction, & il me le faut bien vouloir auec tout le monde. I'ay toutefois connu

connu des gens, qui en fait du Comique, n'aiment pas fort vne piece, de laquelle on ne peut tirer aucun bon suc, qui roule toute entiere sur la bagatelle', & où l'Auditeur n'a sceu remarquer vn seul trait d'erudition coulé à propos. Comme la belle Comedie qui donne agreablement sur le vice & l'ignorance est estimée de tous les honnestes gens, celle qui a de sales jdées n'a pas toute leur áprobation. I'en ay connu plusieurs de ceux qui aiment passionnement la Comedie, qui souhaiteroient que l'ombre méme de l'amour criminel fust bannie des representations, qu'il n'en parust aucune demarche, & qui disent que l'idée d'vne chose qui n'est pas plaisante dans le Monde,

Monde, ne ſçauroit l'eſtre au
Theâtre. Il y en a de moins
ſeueres, qui ſe contentent que
l'on paſſe legerement ſur cet
article quand on ne peut l'euiter, qu'on ne faſſe pas des
peintures entieres, & que l'on
n'ameine pas les choſes ſi auãt,
qu'il ſemble qu'il n'y ayt plus
d'interuale, entre le projet &
l'éxecution. Ie leur ay ouy dire
que ne pouuant ſoûfrir de certaines gens, qui ſur l'article
du droit vſage du mariage,
prennent ſoin de nous le depeindre trop exactement, qui
en écriuent de gros volumes,
& découurent des choſes à
quoy peut eſtre on n'auroit
jamais penſé, ils peuuent encore moins ſoufrir qu'on leur
faſſe en public des portraits
parlans & ſenſibles d'vn amour
qui

qui tend au crime, quoy que l'on n'en vienne pas jusqu'à l'effet. On pourroit se tromper, de croire que l'Auditeur raisonnable prenne vn plaisir infini à ces representations qui passent les bornes, & des amouretes honestes entre personnes libres le diuertiroient bien mieux.

Il seroit encore à souhaiter, disent ces gens là, que dans ces sortes d'ouurages, le nom de Dieu, ne fust jamais prononcé. Il ne se doit trouuer, à leur auis, que dans des ouurages dont le sujet est tout saint, comme dans vn *Polyeucte*: mais dans les pieces dont le sujet est Comique, où l'on traite des intrigues amoureuses, & où l'on void regner d'vn bout à l'autre vn valet ridicule, & vne seruante qui ne l'est pas moins,

XVIII.
Le nom de *Dieu* dans vn sens parfait ne doit pas étre meslé auec du risible

moins , le nom de Dieu ne
doit pas estre meslé. Ils ont de
la peine à soûfrir qu'vne Sou-
brete pour cacher qu'elle a
parlé à vn Galant, dise à sa
Maîtresse qui l'en soupçon-
ne, *Qu'elle prioit Dieu* ; parce
qu'on l'a oüi parler dans sa
chambre, & qu'on supose qu'à
moins de quelque trait de folie, on ne parle pas haut quand
ont est seul. Elle auroit pû tout
aussi bien s'echaper en disant
qu'elle lisoit , ayant remarqué souuent que des valets
& seruantes, & autres gens de
la sorte par vne sote coûtume
parlent haut en lisant, quoy
qu'il n'y ayt personne qui les
entende. La priere estant la
plus sainte & plus importan-
te action du Christianisme,
cet hemistiche , disent nos
                    Critiques,

Critiques, eſt placé là fort mal
à propos, & ils ne peuuent
aſſez s'étonner qu'on ne ſe ſoit
jamais auiſé de le changer.
Pour ces exclamations ſi ordinaires dans la bouche des
hommes, *Ha Dieu*, *Mon Dieu!*
Bon Dieu ! & autres ſemblables, ils les ſouffrent, parce
qu'elles n'ont pas de ſuite, &
ne forment pas vn ſens parfait. En les condannant dans
la bouche des Comediens, il
faudroit condanner tous les
hommes generalement qui en
abuſent à toute heure, & ſans
nulle neceſſité. On tolere les
abus que l'on ne ſçauroit oſter,
& la Comedie eſt vne imita-
tion des actions & du langage
des Peuples. Mais vn *Ie priois
Dieu*, vn *Dieu vous aſſiſte*, vn
Dieu vous le rende, & autres
expreſſions

expreſſions de la ſorte dans vn ouurage Comique ne ſont pas du gouſt de ces gens que j'ay citez, & qui toutefois, comme j'ay dit, aiment fort la Comedie.

XIX.
La bagatelle vn peu trop en regne

Il ſeroit encore bon qu'on puſt jnſenſiblement accoûtumer les Spectateurs à prendre gouſt à des repreſentations Comiques, où il y euſt vn peu moins de bagatelles & plus de ſolide, & que le Poëte prenant des ſujets éloignez de ceux qui ont autrefois ſerui à de pures farces, ne traitaſt que de choſes bonnes & honneſtes, qu'il pourroit agreablement tourner; ce qui donneroit moins de priſe à ceux qui dechirent la Comedie, le Comedien & le Poëte.

Mais enfin il n'y a rien ſoûs

le

le Ciel qui foit exent de defauts, & ce que je viens de dire, ni tout ce que peuuent dire les fâcheux Critiques ne
fçauroit détruire les Eloges
qui font deus à la belle Comedie. Toutes les Comparai-
fons ne plaifent pas, & je n'en
áporte point icy pour mieux
ápuyer fes áuantages Ie diray
feulement pour conclufion,
que c'eft vne belle Ecole &
vn noble amufement pour
ceux qui la fçauent bien goûter, & que mille gens m'ont
áuoüé que le Theâtre leur a
apris vne infinité de belles
chofes qui ont ferui à polir
leur efprit & à les porter a l'é-
tude de la vertu. C'eft là auffi
la fin que le Poëte fe propofe
dans la Comedie, & c'eft la
méme fin du gouuernement

XX.
Le Theâ-
tre a
porté
bien des
gens à
l'étude
de la
vertu.

C des

des Comediens. Leur Societé
ne s'est établie que sur ces
deux fondemens, l'honneste
diuertissement, & l'vtile in-
struction des Peuples ; mais je
ne sçais si cela se peut dire
également de tous les Comediens de l'Europe, des Italiens,
des Espagnols, des Anglois &
des Flamans. En ayant veu de
toutes les sortes dans mes voyages, j'en ay remarqué les
differences, ce qui seruira à
faire mieux connêtre les áuantages du Theâtre François,
qui est aujourd'huy au plus
haut point de sa gloire.

XXI.
Diffe-
rence de
la Co-
medie
Fran-
çoise
d'auec
　　Les Italiens qui pretendent
marcher les premiers de tous
pour le Comique, le font particulierement consister dans
les gestes & la souplesse du
corps, & par leurs intrigues
assez

aſſez bien conduites & fort
plaiſamment executées, taſ-
chent principalement de ſatis-
faire les ſens. Ils ne reüſſiſſent
pas dans la repreſentation d'v-
ne auanture Tragique, & ne
peuuent comme nos François
reuêtir toutes ſortes de caracteres. C'eſt a dire qu'on ne va
guere les voir que pour le pur
diuertiſſement, & qu'on n'en
remporte que peu d'inſtruction pour les mœurs, parce
qu'ils ne s'attachent pas fort à
cet article. Mais enfin nous
leur ſommes redeuables de la
belle inuention des machines,
& de ces vols hardis qui atti-
rent en foule tout le monde à
vn ſpectacle ſi magnifique.
Celles qui ont fait le plus de
bruit en France furent les
pompeuſes machines de la

l'Ita-
lienne,
l'Eſpa-
gnole,
l'An-
gloiſe&
la Fla-
mande:

Toiſon

Toifon d'or, dont vn Grand
Seigneur d'vne des premieres
Maifons du Royaume, plein
d'efprit & de generofité fit
feul la belle depence pour en
regaler dans fon Château toute la Noblefle de la Prouince.
Depuis il voulut bien en gra-
tifier la troupe du Marais, où
le Roy fuiui de toute la Cour
vint voir cette merueilleufe
Piece. Tout Paris luy a donné
fes admirations, & ce grand
Opera qui n'eft deu qu'à l'efprit & à la magnificence du
Seigneur dont i'ay parlé a ferui de modele pour d'autres qui
ont fuiuy. Bapifte Lully eft
venu depuis, qui par l'agreable meflange de machines de
l'inuention de Vigarany, de
danfes & de mufique, où il
s'eft rendu incomparable, a
charmé

charmé toute la Cour, tout
Paris, & toute les Nations
Etrangeres qui y abordent.
Mais enfin ces beaux spectacles ne sont que pour les yeux
& pour les oreilles, ils ne touchent pas le fond de l'ame, &
l'on peut dire au retour que
l'on a veu & oüi, mais non pas
que l'on a esté instruit. D'où
l'on peut conclure, ce me
semble, que la Comedie Italienne n'a pas tout à fait le mesme objet que l'a nôtre de diuertir & d'instruire, ce qui est
la perfection du Poëme Dramatique.

Les Espagnols prennent le
contrepied des Italiens, & selon le genie de la nation de-
meurent fort sur le serieux, &
ne demordent point sur le
Theâtre de cette grauité naturelle

XXIII.
Le Frã-
çois de
quoy
redeua-
bles aux
Italiens
& aux
Espa-
gnols

C 3

relle ou affectée, qui ne plaiſt
guere à d'autres, qu'à eux. Vn
ſujet Comique eſt beaucoup
moins de leur caractere qu'vn
ſujet Tragique : mais de quelque maniere qu'ils s'aqui-
tent de tous les deux, ils
n'ont pas eſté goûtez en France, & ne diuertiſſent pas comme les Italiens. Les François
ont ſceu tenir le milieu entre
les vns & les autres, & par vn
heureux temperament ſe former vn caractere vniuerſel
qui s'éloigne egalement des
deux excez. Mais au fond
nous ſommes plus obligez aux
Eſpagnols qu'aux Italiens, &
n'eſtant redeuables aux derniers que de leurs machines
& de leur muſique, nous le
ſommes aux autres de leurs
belles inuentions Poëtiques,

nos.

nos plus agreables Comedies
ayant esté copiées sur les leurs.

Les Anglois sont tres bons
Comediens pour leur nation,
ils ont de fort beaux Theâtres,
& des habits magnifiques, mais
ny eux, ny leurs Poëtes ne se
piquent pas fort de s'atacher
aux regles de la Poëtique, &
dans vne Tragedie ils feront
rire & pleurer, ce qui ne se
peut soufrir en France, où l'on
veut de la regularité. Toutes
les fois qn'oñ Roy sort, &
vient à parêtre sur le Theatre,
plusieurs Officiers marchent
deuant luy, & crient en leur
langue, *place*, *place*, comme
lorsque le Roy passe à Vvit-
thal d'vn quartir a l'autre, par
ce qu'ils veulent, disent ils, representer les choses naturellement. Ils en vsent de méme à

proportion en d'autres rencontres, & introduisent quantité de personnages muets que
nous nommens *Assistans*, pour
bien remplir le Theâtre ; ce
qui satisfait la veüe, & cause
aussi quelquefois de l'embarras. Estant à Londres il y a six
ans, j'y vis deux fort belles
Troupes des Comediens, l'v-
ne du Roy, & l'autre du Duc
D'Yorc, & ie fus à deux representations, à la mort *de
Montezume* Roy de Mexique,
& à celle *de Mustapha*, qui se
defendoit vigoureusement sur
le Theatre contre les muets
qui le vouloient étrangler ; ce
qui faisoit rire, & ce que les
François n'auroient representé que dans vn recit. Il ne se
peut souhaitter d'hommes
mieux faits, ny de plus belles
femmes.

femmes ; que i'en vids dans
ces deux Troupes, & la Comedie Angloise pour n'estre pas
si reguliere que la nôtre, ny
executée par des gens qui
donnent toute leur étude à
cette profession ; a toutefois
ses charmes particuliers.

Les Comediens Flamans ne
doiuent marcher que les derniers, & les Allemans font
rang auec eux, la difference
entre les vns & les autres n'e-
stant pas grande. Leurs Poëmes Dramatiques font peu
dans les regles, ils n'ont ny
les graces, ny la delicatesse des
nôtres, la langue méme qui
est vn peu rude ne leur est
pas fauorable, & ils font representez auec peu d'art par des
gens qui ne frequentent jamais ny la Cour, ny le beau
C 5   monde,

monde, & qui la plus part de
même que les Anglois ne se
donnent pas tout entiers à
cette profession, en ayant
quelque autre qu'ils exercent
hors des jours de Comedie, &
leur Theâtre n'estant pas toûjours capable de les bien entretenir.

XXIV.
Le
goust
d'vn
particu
lier ne
doit pas
l'em
porter
sur le
goust
vniuer-
sel.

A se faire justice les vns aux
autres, & sans estre partial, ie
ne crois pas apres les choses
que ie viens de dire, qu'on
puisse disputer la preseance
aux Comediens François, sur
tout à voir les deux Troupes
de Paris, que l'on ne peut souhaitter plus acomplies, & qui
donnent à la censure le moins
de prise qu'il leur est possible
dans leurs representations. A
les bien examiner, & à n'en
tirer que le droit vsage, les
plus.

plus ſeueres ne peuuent les blâmer auéc juſtice. I'ay aſſez monſtré que la Comedie eſt du nombre de ces choſes dont l'inſtitution a eu vne fin louable, & qui ſont bonnes au fond, quoy que par accident elles puiſſent deuenir mauuaiſes. Il y a par tout vn mélange ineuitable de bien & de mal, il ne faut que les ſçauoir ſeparer, & que regarder les choſes par les bons coſtez. On peut céuillir vne roſe ſans ſe piquer, on peut voir la Comedie ſans riſque, & le beau fruit qu'on en tire n'eſt mal ſain que pour ces petits eſtomacs qui rejettent tout. Le triſte regime, où leur feebleſſe les a reduits, ne doit pas eſtre vne loy pour d'autres. Les ragouſts leur ſont contraires, ou ils ne les aiment pas, faut il

pour cela qu'ils soient defen-
dus à tout le Monde ? Les esprits chagrins ne prennent
plaisir à rien, & blament tous
les diuertissement honnestes;
d'autres gens les blament aussi
sans estre chagrins; & ils en
ont leurs raisons; & les vns &
les autres pour authoriser leurs
sentimens & leur maniere de
viure veulent qu'il y ait du crime dans les plaisirs les plus
jnnocens. Mais enfin il n'est
pas juste qu'en des choses
d'ont l'vsage est bon à qui en
sçait profiter, le grand nombre se regle sur le petit, & que
le goust de quelques particuliers l'emportant sur le goust
vniuersel, priue le public de
l'vtile diuertissement de la
Comedie.

LIVRE

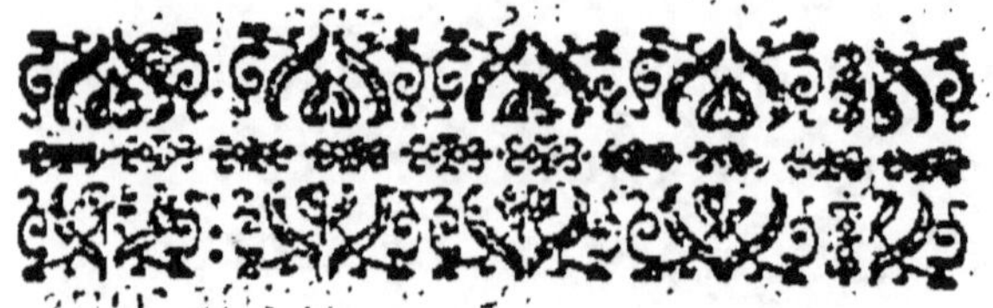

LIVRE SECOND.

Des Autheurs qui ont soûtenu le Theâtre depuis qu'il est dans son lustre.

ES AVTHEVRS doiuent estre considerez comme les Dieux Tutelaires du Theâtre, ce sont eux qui le soûtiennent, ils en sont les grans apuys, & il tomberoit auec tous ses ornemens & ses pompeuses machines, si de beaux vers & d'agreables intrigues ne chatoüilloient l'oreille de l'auditeur, à mesure que sa veüe est diuertie par la beauté des objets

I.
Les Autheurs fermes apuys du Theâtre.

objets qu'on luy presente. Ie
sçais que la Comedie ne demande pas seulement vn Autheur qui la compose, qu'elle
veut aussi vn Acteur qui la recite, & vn Theâtre où elle
soit representée auec les em-
bellissemens qu'il luy peut
donner. Mais l'inuention du
Poëte est l'ame qui fait mou-
uoir tout le corps, & c'est de
là principalement que le monde s'attend de tirer le plaisir
qu'il va chercher au Theâtre.

II.
Grande temeri-té à qui en vou-droit faire publi-que-ment la distin-ction.

    I'ay donc icy à parler & des
Autheurs, & de leurs Ouurages, & ce sera auec toute la
brieueté que I'ay obseruée ailleurs. C'est sans doute vne
matiere des plus difficiles, &
vne entreprise des plus har-
dies, selon le biais qu'on vou-
droit suiure pour l'executer;
                Mais.

Mais de la maniere que ie vais m'y prendre, j'ay la temerité de croire que j'y pourray reüssir. Ie ne sçais pas ce que le Lecteur s'est promis du titre de mon second Liure : mais s'il attend de moy vne Critique, il se trompe fort, & c'est vne chose à quoy ie pense aussi peu, que ie m'en sens peu capable. J'ay du respect pour tous les Autheurs, & s'il m'est permis en lisant leurs ouurages d'en faire la distinction dans mon cabinet, & de mesurer la grande distance qu'il y a des vns aux autres, il ne me l'est pas de produire mes sentimens au Public. Il est moins difficile de conceuoir les choses que de les écrire, il y auroit méme de l'imprudence à écrire tout ce que l'on

l'on a conçeu, & les penſées
les plus raiſonnables ſont bien
ſouuent celles qu'il nous faut
le plus cacher. Ie ne diray
donc rien du merite des Autheurs, dont chacun peut faire le diſcernement ſans moy;
& le Lecteur ſe contentera
s'il luy plaiſt, que ie luy donne icy ſeulement vne petite
Bibliotheque de nos Poëtes
François qui ont trauaillé pour
le Theâtre, ſans m'ingerer
de donner mon jugement ſur
leurs ouurages que i'ay eu la
curioſité de raſſembler. *Non
noſtrûm inter eos tantas compo-
nere lites.* Ie ſuis vn trop petit
compagnon pour ozer dire
mon gouſt. Chacun naturellement eſt amoureux de ſoy
méme & de ſes productions;
& s'il eſt conuaincu en ſa con-
ſcience

science qu'il y en a de plus
belles, il ne prend pas plaisir
à les entendre loüer ; parce
qu'il luy semble que c'est ta-
citement blâmer les siennes.
Ie n'ay donc garde de m'enga-
ger dans vn chemin fâcheux
d'où ie ne pourrois sortir, &
ie me restreins à vn simple de-
nombrement des Autheurs &
des pieces de Theâtre.

Quoy qu'il s'emble qu'il
n'y ayt rien en cela de difficile ny de dangereux, puis qu'il
ne s'agit que d'vn pur catalogue sans nul raisonnement,
sans remarques ny commen-
taire, ce catalogue me donneroit encore de la peine, &
autant qu'vne critique me
feroit passer pour temeraire,
si ie n'auois recours à l'artifice dont la pluspart des Genea-
logistes

logiftes fe font auifez de fe
feruir. Pour éuiter de toucher aux preffeances ; de regler le pas, & de caufer des
jaloufies entre les Maifons, ils
les prennent confufement &
fans ordre, ou les placent felon le rang des Lettres de
l'Alphabet. Ainfi dans leurs
receuils la Maifon *D'anhalt*
marche deuant la maifon d'Au-
ſtriche, Et celle de *Bade* deuant celle de *Brandebourg*. Il en
eſt de même des autres, & les
Autheurs que ie reuere ne feront pas fans doute fâchez que
jen vfe de la forte à leur égard,
traittant les Dieux du Par-
naſſe fur le pied que font traitez lez Dieux de la Terre.

Dans le catalogue que ie
donne de leurs ouurages, ie
ne produis que ceux qu'ils

ont

ont faits pour le Theâtre, &
ils en ont presque tous mis
au jour beaucoup d'autres en
prose & en vers, dont le re-
cueil passeroit les bornes de
mon sujet. Ie puis méme dans
la quantité des pieces qui ont
esté representées depuis cin-
quante ans, en auoir obmis
quelques vnes des moins considerables, qui ont échapé à
ma memoire, & au soin que
i'ay pris de les rechercher, à
quoy vne seconde edition
peut a porter du remede.

Quoy que ie me sois tres
justement defendu de porter
mon jugement sur les Pieces
de Theâtre, & de toucher à
la difference du merite des
Autheurs, ie ne risque rien à
dire en general que chacun
a son talent particulier, &

IV.
Diuer-
sité de
genies
entre
les Poë-
tes.

qu'il

qu'il se trouue vne grande
diuersité dans leurs genies.
L'vn excelle dans vne belle
& juste disposition du sujet, à
bien soûtenir par tout le caractere de son Heros, à pousser
l'ambition, la haine, la colere & toutes les grandes paf-
sions jusqu'où elles peuuent
aller, à demesler la plus fine
Politique des Estats pour la
faire entrer en commerce
auec l'amour; & à donner enfin de la force à ses pensées
par des vers pompeux & qui
remplissent l'oreille de l'Auditeur. L'autre a vne adresse
particuliere à toucher les paf-
sions tendres, & se montre
admirable dans vne decla-
ration d'amour. Il en fait faire l'aueu à son Heroine auec
vne delicatesse qui emeut

les

es sens, & il donne le même
beau tour aux soupçons, aux
depits, aux craintes, aux es-
perances, & à tout ce qu'il y a
en amour d'agreable & de fâcheux. Il y a des esprits qui
ne sont guere propres que
pour le serieux, d'autres que
pour le comique; & ie doute fort que feu Monsieur de
Rotrou eust pû venir à bout
d'vn *Iodelet soufleté*, & Monsieur Scarron d'vn *Venceslas*.
Il est malaisé d'aller contre
la nature & de forcer le genie; & l'austere Scipion eut
essayé en vain d'imiter Lelius,
& d'aquerir ce qui le rendoit
aimable. Ce n'est pas que
nous n'ayons des Autheurs
qui reüssissent dans les deux
genres, soit qu'ils nous
les seruent separement, soit
qu'ils

qu'ils nous en facent vn ambigu. Mais il s'y void toûjours
quelque difference, & la ba-
lance ne peut eftre fi égale,
qu'elle ne panche de quelque
cofté. D'ailleurs quoy que les
Autheurs celebres puiffent
egayer leur Mufe quand il
leur plaift, & que nous en
ayons veu de beaux Poëmes
Comiques ; depuis que plufieurs autres s'en font mêlez,
ils ont quitté le dé pour deux
raifons que ie m'imagine, &
que chacun auffi peut s'imaginer.

V. Oeconomie des Autheurs dans l'expofition de leurs ouurages.

Ces Autheurs celebres dont
la reputation eft bien établie,
qui ont leur jeu feur ; & dont
le nom feul fuffit pour perfua-
der & aux Comediens & au
Peuple que leurs ouûrages
font bons, ne dedaignent
toute

outefois pas de les communi-
quer à leurs Amis, & d'en
écouter les sentimens. Ils n'at-
tendent pas mesme que le trauail soit parfait, ils produisent
un premier Acte, & puis un
second, & un troisiéme, &
ne refusent pas l'ápuy des gens
de qualité qui vantent la bonté de leurs ouurages. Mais
ceux qui ne font que com-
mencer,, & qui n'ont pas encore bien áquis le nom d'Autheurs, ne peuuent se dispen-
ser en aucune sorte d'auoir
recours à des gens capables,
& de subir leurs corrections.
Comme dans tous les ouurages en prose ou en vers le
bon sens & la belle expres-
sion doiuent soûtenir les matieres que l'on traite, il faut
pour bien faire les soûmettre
necessaire

neceſſairement à la cenſure
des Maîtres de l'art, & prier
quelqu'vn de Meſſieurs de
l'Academie Françoiſe d'y jet-
ter les yeux. C'eſt elle ſeule
qui doit juger ſouueraine-
ment de toutes les produ-
ctions qui paroiſſent en nôtre Langue, quand elles ne
ſont pas toutafait indignes
de voir le iour; & ie ne crois
pas qu'il y en ayt guere de
bien acheuées que celles que
l'on a ſoûmiſes à ſa critique.
Si les Libraires eſtoient bien
ſages, ils n'imprimeroient jamais de liures qu'à cette condition, ils ne verroient pas
leurs magazins plier ſoûs le
poids de tant de bales & ma-
culatures inutiles, & ils gue-
riroient de la ſorte beaucoup
de gens de cette maladie
inueterée

inueterée d'écrire, dont ie
voudrois estre quite le premier.

    C'est donc aux nobles tra-
uaux, & aux soins infatigables
de l'Illustre Academie Françoise que le Theâtre est particulierement redeuable de la
beauté des Poëmes que l'on y
recite, où le Poëte tâche de
répandre toutes les douceurs
de nôtre langue, & de ne
s'esloigner iamais de sa pureté. C'est le seul Oracle qu'il
doit consulter, il ne rend point
de réponces qui ne soient claires, & l'on marche en seureté quand on marche sous
les auspices de cette celebre
Compagnie.

Pour moy ie la reuere, & reconnois qu'en tout
Chacun se doit soûmettre à ce qu'elle resout;
Et que pour bien parler, & que pour bien écrire,
A nul de ses Arrests il ne faut contredire,

VI.
Le
Theâ-
tre
redeua-
ble de
sa gloi-
re aux
soins de
l'Acade-
mie
Fran-
çoise.

VII.
Eloge
de cette
Illustre

D   Puis

& cele-
bre cõ-
pagnie.

Puis qu'enfin le langage & l'Empire François
Partout egalemens font respecter leurs loix ;
Dans le mème interest le Destin les assemble,
Et comme de concert leur gloire marche en-
  semble.
Elle est proche du faiste, & nos Neueux en vain
De la porter plus loin formeroient le dessein.
Il falloit vne langue & si noble & si belle
Pour rendre d'vn Grand Roy la memoire im-
  mortelle,
Et grâuant sur l'airain ses Exploits inoüys
Laisser à l'Vniuers l'Histoire de LOVYS.

VIII.
La gloi-
re des
langues
& des
Empi-
res
mar-
chent
du pair.

Il est aisé de remarquer dans les Annales & des Grecs & des Romains, que la splendeur des Empires & l'elegance des langues ont presque toûjours marché du pair, & que l'on n'a iamais mieux parlé a Athenes que soûs le regne du Grand Alexandre, ny à Rome que soûs celuy de Trajan. Ie pourrois dire de même que l'on ne parlera iamais mieux en France que soûs le Regne admirable de

LOVYS

LOVYS le Conquerant ; & ſi c'e-
ſtoit icy le lieu de s'eſtendre
ſur la gloire de ſon Empire &
de ſes Triomphes , ie ne me
defendrois pas d'en parler ſur
la grandeur du ſujet & ſur m'a
febleſſe , puis qu'à tous ceux
à qui il eſt permis de crier
Viue le Roy , il le doit eſtre
de publier ſes Victoires. Ie
diray ſeulement, qu'il eſt conſtant que Meſſieurs de l'Academie ont porté la langue
Françoiſe au plus haut point
de perfection , & qu'ils vont
laiſſer de ſi bons preceptes à
leurs ſucceſſeurs , qu'elle s'y
pourra conſeruer long-temps.
Car de pretendre qu'elle ſe
porte plus loin, & qu'elle puiſſe aquerir d'autres auantages,
ce ſeroit faire tort à ce Corps
Illuſtre , & mal iuger de tant

de riches productions qui en
partent tous les jours, au rang
desquelles il nous faut mettre
nos plus beaux ouurages de
Theâtre. C'est cette beauté &
cette douceur de nôtre langue
qui font que les Estrangers
s'empressent de l'aprendre, &
comme i'ay veu auec soin toutes les parties de la Chrestien-
té, il m'a esté aisé de remarquer, qu'aujourd'huy vn Prince auec la seule langue Françoise qui s'est par tout répan-
duë, a les mesmes auantages
que Mithridate auoit auec
vingt-deux. On peut dire que
ce bel Estat Academique à
trouué en quelque maniere
le secret de la Domination
vniuerselle, puis qu'il fait regner le François en tant de
lieux, & que dans toutes les
Cours

Cours Etrangeres on se pique
de parler comme on parle au
Louure; & il est bien glorieux
& de bon augure au monar-
que jnuincible de la France
de voir toute l'Asie ápeler
Francs tous les Peuples de l'Europe, & toute l'Europe am-
bitionner la gloire de parler
François. I'ay creu deuoir cette petite remarque à la grande veneration que j'ay toûjours eüe pour Messieurs de
l'Academie Françoise, & a la
reconnoissance que ie leur dois,
pour m'auoir fourny dans leurs
ouurages de quoy me corriger de mille fautes où tom-
bent necessairement ceux qui
passent toute leur vie hors du
Royaume. Ie reprens le fil de
ma narration.

L'autheur qui n'a pas tou-

IX.
Comediens
sçauans
a pre-
uoir le
succez
que doit
auoir
vne
piece.

tes les lumieres necessaires,
& n'est pas encore paruenu à
ce haut degré de merite & de
reputation de quelques Illustres, ayant receu l'aproba-
tion des Censeurs rigides, à
qui seulement il doit exposer
sa piece; la communique apres
en particulier à celuy des
Comediens qu'il croit le plus
intelligent & le plus capable
d'en juger; afin que selon son
sentiment il la propose à la
Troupe, ou qu'il la suprime.
Car les Comediens preten-
dent, & auec raison, de pouuoir mieux pressentir le bon
ou le mauuais succez d'vn ouurage, que tous les Autheurs
ensemble & tous les plus
beaux esprits. En effet ils ont
l'experience, & sont dans
l'exercice continuel. Ioint que

la

la plus part d'entre eux sont
aussi Autheurs, & que dans
la seule Troupe Royale il y
en a cinq dont les ouurages
sont bien receus. C'est vn
grand auantage pour tout le
corps, & les Autheurs celebres estant quelquefois d'humeur à le porter vn peu haut,
& à vouloir les choses absolument, les Comediens se
roidissent de leur costé, &
par vne bonne œconomie
tiennent toûjours de leur crû
quelque ouurage prest pour
s'en seruir au besoin ; ce que
ne peut faire vne Troupe,
où il n'y aura pas des Comediens Poëtes. Si le Comedien à qui l'Autheur a laissé
sa piece pour l'examiner,
trouue qu'elle ne puisse estre
representée, & ne soit bonne

X.

Auan-
tages
d'vne
Trou-
pe qui
fournit
de son
crû des
ouura-
ges au
besoin.

que pour le Cabinet, comme
le ſonnet qui cauſe vn procez
au Miſantrope, ce ſeroit vne
choſe jnutile au Poëte, de
faire aſſembler la Troupe pour
la luy lire, eſtant à preſu-
mer que ce Comedien intelligent a le gouſt bon, &
qu'ayant du credit il amene-
ra aiſement ſes camarades à
ſon ſentiment. Mais s'il juge
l'ouurage bon, & qu'il y ayt
lieu de s'en promettre vn heureux ſuccez, l'Autheur ſe rend
au Theâtre vn iour de Comedie, & donne áuis aux Comediens qu'il a vne Piece qu'il
ſouhaitte de leur lire. Quelquefois ſans parler luy meſme,
il fait donner cet áuis par quelqu'vn de ſes amis. Sur cet áuis
on prend iour & heure, on
s'aſſemble ou au Theâtre, ou

en

en autre lieu, & l'Autheur sans
prelude ny reflexions (ce que
les Comediens ne veulent
point) lit sa piece auec le plus
d'emphase qu'il peut; car il n'y
a pas icy tant de danger de jet-
ter de la poudre aux yeux des
Iuges, & il ne s'agit ny de
mort, ny de procez. Ioint qu'il
seroit difficile de tromper en
cela les Comediens, qui entendent mieux cette matiere
que le Poëte. A la fin de chaque Acte, tandisque le Lecteur
prend haleine, les Comediens
disent ce qu'ils ont remarqué
de fâcheux, ou trop de lõgueur,
ou vn couplet languissant, ou
vne passion mal touchée, ou
quelques vers rudes, ou enfin
quelque chose de trop libre, si
c'est du Comique. Quãd toute
la piece est leüe, ils en jugent

XI.
Coûtu-
me ob-
seruée
dans la
lecture
des pie-
ces.

D 5 mieux,

mieux ; ils examinent si l'in-
trigue est belle & bien suïvie,
& le denoûment heureux ; car
c'est l'eceuil où plusieurs Poëtes viennent echoüer ; si les
Scenes sont bien liées, les
vers aisez & pompeux selon
la nature du sujet, & si les
caracteres sont bien soûte-
nus, sans toutefois les outrer,
ce qui arriue souuent. Le Poëte qui a pour but de nous
peindre les choses comme elles sont, & dans le cours ordinaire, ne doit pas nous porter l'extrauagance d'vn jaloux
au delà de toutes les extra-
uagances imaginables, ny
nous peindre vn sot plus sot
qu'aucun sot ne le peut être.
On prend plus de plaisir à
vne peinture naturelle, &
tous les excez sont vicieux.

Les

Les femmes par modeſtie laiſſent aux hommes le jugement des ouurages, & ſe trouuent rarement a leur Lecture, quoy qu'elles ayent droit d'y aſſiſter, & il y en a aſſeurement de tres capables entr'elles & mémes qui peuuent donner des lumieres au Poëte. Celles qui ſont en poſſeſſion des premiers rôles feroient toutefois bien de s'y rencontrer toûjours ; pour prendre le ſens des vers de la bouche de l'Autheur, & s'expliquer auec luy ſur de petites difficultez qui peuuent naître. Il y en a quelques vns des plus celebres qui les recitent admirablement ; & qui leur donnent le beau ton, comme ils leur ont donné le beau tour. Mais

D 6   il

il y en a d'autres qui ont le recit pitoyable, & qui font tort à
leurs ouurages en les lisant.

La piece estant leüe & ap-
prouuée, on traitte des conditions, & il est juste qu'vn Autheur soit recompensé d'vn
trauail de six mois. ou d'vne
année. Il y en a à qui vne piece
coûte autant de temps, qui ne
se lassent point de la peigner
& de la polir, qui l'enferment
trois mois dans vne cassete, &
qui la renoyent apres d'vn autre œil que lorsqu'ils l'ont
ébauchée; qui veulent enfin
selon le conseil d'Horace châ-
tier cet enfant de leur cerueau
iusques a dix foix. Il y en a
d'autres aussi qui y apportent
moins de façon, qui trauaillent & promtement & sans
peine, dont les premieres
pensées

pensées ne peuuent souffrir la
correction des secondes, &
qui tout d'vn coup jettent
leur feu. Nous auons veu vn
Moliere inimitable dans les
ouurages Comiques faire en
peu de jours des pieces qui
ont êté fort suiuies, comme
l'ont esté generalement toutes les Comedies qui portent
son nom.

Ie reuiens aux conditions
que les Comediens font a
l'Autheur ; & ce ne seroit pas
assez de dire en general qu'ils
en vsent genereusement, &
quelquefois au delà méme de
ce qu'il souhaitte; Il faut venir
au detail & donner cette satisfaction à ceux qui veulent
sçauoir comme tout se passe
dans le monde. La plus ordinaire condition & la plus iuste
de

de cofté & d'autre eft de faire entrer l'Antheur pour deux
parts dans toutes les reprefen-
tations de fa piece iufques à
vn certain temps. Par exemple fi l'on reçoit dans vne
Chambrée (c'eft ce que les
Comediens apellent ce qu'il
leur reuient d'vne reprefentation, ou la recette du iour;
& comme chaque fcience a
fes notions qui luy font propres, chaque Profeſſion a auſſi
fes termes particuliers) fi l'on
reçoit, dis-ie, dans vne Chambrée foize cent foixante liures, & que la Troupe foir
compofée de quatorze parts,
l'Autheur ce foir là aura pour
fes deux parts deux cens liures, les autres foixante liures plus ou moins s'étant le-
uées par preciput pour les
frais.

fais ordinaires, comme les
lumieres & des gages des Officiers. Si la piece a vn grand
succez, & tient bon au double
vingt fois de suite, l'Autheur
est riche, & les Comediens
le sont aussi ; & si la piece a
le malheur d'échouer, ou par
ce qu'elle ne se soûtient pas
d'elle méme, où parce qu'elle manque de partizans qui
laissent aux Critiques le champ
libre pour la décrier, on ne
s'opiniâtre pas à la joüer da-
uantage, & l'on se console
de part & d'autre le mieux
que l'on peut, comme il faut
se consoler en ce monde de
tous les euenemens fâcheux.
Mais cela n'arriue que tres-
rarement ; & les Comediens
sçauent trop bien pressentir

le

le succez que peut auoir vn
ouurage.

Quelquefois les Comediens
payent l'ouurage contant, iufques à deux cens piftoles, &
au delà en le prenant des
mains de l'Autheur, & au
hazard du fuccez. Mais le
hazard n'eft pas grand, quand
l'Autheur eft dans vne haute
reputation , & que tous fes
ouurages precedens ont reüf-
fi ; & ce n'eft auffi qu'à ceux
de cette' volée que fe font
ces belles conditions du contant où des deux parts. Quand
la piece a eu vn grand fuccez , & au delà de ce que les
Comediens s'en étoient promis , comme ils font genereux , ils font de plus quelque prefent à l'Autheur , qui
fe

se trouue engagé par là de
conseruer son affection pour
la Troupe. Cette generosité
des Comediens se porte si
loin, qu'vn Autheur des plus
celebres & des plus mode-
stes força vn jour la Troupe
Royale de reprendre cinquan-
te pistoles de la somme qu'elle luy auoit enuoyée pour son
ouurage.

Mais pour vne premiere
Piece, & a vn Autheur dont
le nom n'est pas connu, ils
ne donnent point d'argent;
ou n'en donnent que fort
peu, ne le considerant que
comme vn aprentif qui se doit
contenter de l'honneur qu'on
luy fait de produire son ouurage. Enfin la piece leüe &
acceptée à la condition du
contant ou des deux parts,
le

le plus souuent l'Autheur &
les Comediens ne se quit-
tent point sans se regaler ensemble, ce qui conclud le
Traité.

XIV.
Saisons
des pie-
ces nou-
uelles.

　　Toutes les saisons de l'année sont bonnes pour les bonnes Comedies : mais les grans
Autheurs ne veulent guere
exposer leurs pieces nouuelles que depuis la Toussaint
jusques à Pasques, lors que
toute la Cour est rassemblée
au Louure, ou à S. Germain.
Ainsi l'hyuer est destiné pour
les pieces Heroïques, & les
Comiques regnent l'Esté, la
gaye saison voulant des diuertissemens de méme na-
ture.

XV.
Remar-
ques sur
les trois

　　Il est bon de remarquer
icy, que les Comediens n'ou-
urent le Theâtre que trois
iours

iours de la semaine, le Vendredy le Dimanche, & le
Mardy, si ce n'est qu'il sur-
vienne quelque feste hors de
ces iours là, qui ne soit pas du
nombre des solennelles. Ces
iours ont esté choisis auec pru-
dence, le Lundy estant le
grand Ordinaire pour l'Alemagne & pour l'Italie, &
pour toutes les Prouinces du
Royaume qui sont sur la route; le Mecredy & le Samedy
iours de marché & daffaires,
où le Bourgeois est plus occupé qu'en d'autres; & le Ieu-
dy estant comme consacré en
bien des lieux pour vn iour
de promenade, sur tout aux
Academies & aux Colleges.
La première representation
d'vne piece nouuelle se donne toûjours le Vendredy pour

prepa

preparer l'assemblée à se rendre plus grande le Dimanche
suiuant par les eloges que luy
donnent l'Annonce & l'Af-
fiche. On ne joüe la Comedie
que trois jours de la semaine pour donner quelque relasche au Theâtre, & comme
l'attachement aux affaires veut
des interuales, les diuertissemens demandent aussi les
leurs.

—— *Voluptates commendat rarior vsus.*

XVI.
Distri-
bution
des
Rôles.

　　Apres la lecture de la piece qui a esté acceptée, il faut
penser a la disposer & à faire vne iuste distribution des
rôles, en quoy il se trouue
souuent de petites difficultez,
chacun naturellement ayant
bonne opinion de soy-méme,
& croyant qu'vn premier rôle
l'establira

l'establira mieux dans l'estime des Auditeurs. Il y en a
pourtant qui se font iustice,
& se contentent des seconds
rôles, ou qui ont l'alterna-
tiue auec vn camarade pour
les premiers. Il en est de méme des Actrices, qu'il y a vn
peu plus de peine à regler
que les Acteurs; & il est con-
stant que les talens sont diuers, que l'vne excelle dans
les tendres passions, l'autre
dans les violentes ; que celle-
cy s'aquitte admirablement
d'vn rôle serieux, & que
celle-là n'est guere propre
que pour vn rôle enioué, &
qu'en toutes ces choses le
plus & le moins fait la difference du merite. Les Troupes
de Campagne sont plus sujétes
à ces petites emulations, &

pour

pour les preuenir à Paris,
quand l'Autheur connoiſt la
force & le talent de chacun,
(ce qu'il eſt bon qu'il ſçache
pour prendre mieux ſes meſu-
res) les Comediens ſe de-
chargent ſur luy auec plaiſir
de la diſtribution des rôles,
en quoy il prend auſſi quelquefois le conſeil d'vn de la
Troupe. Mais encore eſt il
ſouuent aſſez empeſché ; &
il a de la peine à contenter
tout le monde. Cependant vne
piece bien diſpoſée en reüſſit
beaucoup mieux, & c'eſt l'intereſt commun de l'Autheur
& de la Troupe, & même de
l'Auditeur, que chacun joüe
le rôle dont il eſt capable, &
qui luy conuient le mieux.

XVII.
Repeti-
tion.
　　Les rôles deüement diſtri-
buez ; chacun va exercer ſa
memoire,

memoire, & ſi le temps preſſe,
& qu'il ſoit neceſſaire de faire vn effort, vne grande piece peut eſtre ſceüe au bout
de huit jours. Il y a d'heureuſes
memoires, a qui vn rôle quelque fort qu'il ſoit ne coûte
que trois matinées. Mais ſans
beſoin les Comediens ne ſe
preſſent point, & quand ils
ſe ſſentent fermes dans leur
étude, ils s'aſſemblent pour
la premiere repetition, qui
ne ſert qu'à ébauchers & ce
n'eſt qu'à la ſeconde, ou à la
troiſiéme qu'on commence à
bien juger du ſuccez que la
piece peut auoir. Ils ne ne ſe
hazardent pas de la produire
qu'elle ne ſoit parfaitement
bien ſceüe & bien concertée,
& la derniere repetition doit
eſtre juſte, comme l'orsqu'on

la veut reprefenter. L'Autheur affifte ordinairement à ces repetitions, & releue le Comedien, s'il tombe en quelque defaut, s'il ne prend pas bien le fens, s'il fort du naturel dans la voix ou dans le gefte, s'il áporte plus ou moins de chaleur qu'il n'eft à propos dans les paffions qui en demandent. Il eft libre aux Comediens intelligens de donner auffi leurs auis dans ces repetitions, fans que fon camarade le trouue mauuais, parce qu'il s'agit du bien public.

Voila ce que j'auois à dire en general de la maniere dont les Autheurs fe gouuernent auec les Comediens. Il eft tems d'en donner le catalogue, & pour faire les

choses

chofes auec plus d'ordre, ie
crois qu'il ne fera pas mal à
propos de les ranger en trois
claſſes. Ie feray entrer dans
la premiere ceux qui foûtiennent preſentement le Theâtre ; dans la feconde ceux qui
l'ont foûtenu, & qui ne trauaillent plus ; & dans la troi-
fiéme ceux dont la memoire
nous eſt encore recente, ayant
fini leurs iours dans ce noble
employ. Ie donneray auſſi au
Liure fuiuant le catalogue
des Autheurs Comediens, &
de leurs ouurages.

E   AVTHEVRS

AVTHEVRS

Qui foûtiennent prefentement

LE THEATRE.

XVIII.
Catalogue des Autheurs & de leurs ouvrages.

MESSIEVRS

Bourfaut.
Boyer.
Corneille l'Aifné.
Corneille le Ieune.
Gilbert.
Montfleury.
Quinaut.
Racine.
D. V.

PIÉCES DE THEATRE
De chacun de ces Autheurs.

DE Mr. BOVRSAVT.

Les Nicandres.
Le Portrait du Peintre.
Les Cadenats.
Le Mort Viuant.
Les Yeux de Philis en Pasto-
rale.
Germanicus.

DE Mr. BOYER.

Tout feu dans ses vers, tout
esprit dans ses pensées.

Igneus est ollis vigor, & celestis origo.

La Porcie Romaine.
Aristodeme.
Le faux Tonaxare.
Le Fils supposé.
Clotilde.

 Frederic.

Frederic.

Demetrius.

Policrite.

La Feſte de Venus.

Le Ieune Marius.

La Ieune Celimene.

L'heureux Policrate.

Les Amours de Iupiter & de
Semele, Piece de machines.

Demarate.

DE Mr. de CORNEILLE l'Aiſné.

Le Theâtre de Pierre Cor-
neille ſe trouue au Palais chez
Guillaume de Luynes, ou en
deux Volumes fol. auec vn
ſçauant Traitté de la Poëtique
& de la Pratique du Theâtre,
ou en trois Volumes 8. ou en
quatre petits 12.

Tome I.

Melite.

Clitandre.

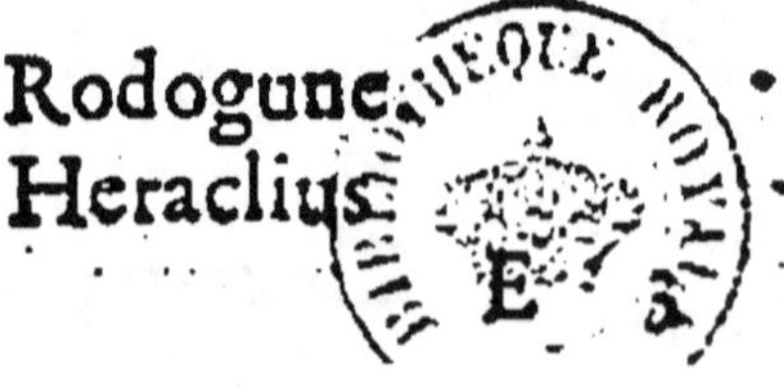

Andromede.
Dom Sanche d'Arragon.
Nicoméde.
Pertarite.
Oedipe.
La Toiſon d'or.

Tome IV.

Sertorius.
Sophonisbe.
Othon.
Ageſilas.
Attila.
Berenice.
Pulcherie.

Ce ſont là les grans & fameux ouurages de Pierre Corneille l'Aiſné des deux freres:

Nec viget quicquam ſimile aut ſecundum.
Proximos illi tamen occupauit.
Alter honores.

COR

DE Mr. CORNEILLE LE IEVNE.

A produit vingt-quatre belles Pieces de Theâtre, qui se
trouuent chez le méme de
Luynes en quatre Tomes 12.

Tome I.

Les Engagemens du hazard.
Le Feint Astrologue.
Dom Bertrand de Cigaral.
L'Amour à la mode.
Le Berger Extrauagant.
Les Charmes de la voix.

Tome II.

Le Geolier de soy méme.
Les Illustres Ennemis.
Timocrate.
Berenice.
La mort de l'Empereur Com-
mode.
Darius.

E 4 *Tome*

Tome III.

Le Galant doublé.
Stilicon.
Camma.
Maximian.
Pyrrhus.
Persée & Demetrius.
Antiochus.

Tome IV.

Annibal.
Le Baron d'Albicrac.
Ariane.
Theodat.
Laodice.

Ces cinq dernieres pieces se vendent encore separement : mais comme elles peuuent faire vn juste volume, le Libraire les rassemblera bien-tost dans vn quatriéme Tome.

DE

DE Mr. GILBERT.

Les Heraclides.
Thelephonte.
Endimion.
Arie & Petus , ou les Amours
    de Neron
Amours d'Angelique & de
    Medor.
Les Intrigues amoureuses.
Les Amours d'Ouide.

DE Mr. de MONTFLEVRY.

L'Ecole des Ialoux.
L'Ecole des Filles.
L'Inpromptu.
Thrasybule.
La Femme Iuge & Partie.
La Fille Capitaine.
La Gentil-homme de Beausse.
L'Ambigu Comique.
Le Comedien Poëte.

DE Mr. QVINAVT.

En diuers Tomes chez Guillaume de Loynes.

Les Riuales.

La genereuse Ingratitude.

L'Etourdi.

Les Coups d'Amour & de la
    Fortune.

Le Fantosme amoureux.

La Comedie sans Comedie.

L'Amalazonte.

Le Mariage de Cambyse.

Alcibiade.

Agrippa, ou le faux Tiberinus.

Stratonice.

Cyrus.

Pausanias.

La Mere Coquete.

Bellerophon.

Et pour L'OPERA.

Les Festes de l'Amour & de
    Bacchus,

Bacchus, Pastorale.

Cadmus & Hermione, Tra-
gedie.

Alceste, Tragedie.

Le méme Autheur a fait encore vn ouurage soûs le nom
des Amours de Lysis & d'Hespe-
rie, Pastorale Allegorique sur
le sujet de la negotiation de la
Paix & du Mariage, du Roy.
Elle fut composée de concert
auec Monsieur de Lyonne sur
les memoires qu'en fournit le
Cardinal Mazarin , & representée au Louure par la Troupe Royale. Mais elle n'a pas
esté imprimée pour de certaines raisons, & l'original apo-
stillé de Monsieur de Lyonne
est dans la Bibliotheque de
Monsieur Colbert.

DE Mr. RACINE.

La Thebaïde.

          Alexan

AVTHEVRS

AVTHEVRS,

Qui ont soûtenu le Theâtre, & qui ne trauaillent plus.

MESSIEVRS.

d'   ⎱ Aubignac.
de ⎰ Benserade.
le   ⎱ Clerc.
la   ⎰ Cleriere.

Mlle. des Iardins.

des ⎱ Mairet.
    ⎰ Marests.
de   ⎱ Montauban.
de   ⎰ Salbert.

PIECES DE THEATRE

De chacun de ces Autheurs.

DE M. D'AVBIGNAC.

Zenobie en Prose. Il a de plus tres bien êcrit du Theâtre.

DE Mr. DE BENSERADE.

Cleopatre.
Guftaue.
Meleagre.
La Difpute des Armes d'A-
chille.

DE Mr. LE CLERC.

Le Iugement de Pâris.
La Virginie.

DE Mr. DE LA CLERIERE.

Amurat.
Iphigenie.

DE MADlle. DES IARDINS.

Qui s'eft áquis beaucoup
de réputation par fes Ouurages galans en profe & en vers,
& qu'il faut faire enrrer dans
la claffe des Autheurs de nôtre fexe, à moins que de luy
en

en donner vne à part.

Manlius.
Le Fauori.
Nitetis.

DE Mr. MAIRET.

Chriseïde.
Sophonisbe.
Siluanire.
Aspasie.
Mort d'Hercule.

DE Mr. DES MARESTS.

Les Visionnaires.
Scipion.
Le Mariage d'Alexandre.
L'Europe.

DE Mr. DE MONTAVBAN.

Seleucus.
Indegonde.
Zenobie en vers.
Les Comtes de Hollande.

Les

Les Charmes de Felicie.

DE Mr. DE SALBRET.

L'Enfer diuertissant.
La belle Egyptienne.
Andromaque piece de Ma-
chines.

AVTHEVRS,

Qui ont trauaillé pour le Theâtre, & fini leurs jours dans ce noble Employ.

MESSIEVRS.

Bigre.
de Boisrobert.
des Brosses.
Claueret.
Cyrano.
Douuille.
Durier.

Gillet.

Cillet.
de Gombaud.
Magnon.
Marechal.
de la Menardiere.
Moliere.
Pichou.
de Rotrou.
Scarron.
de Scudery.
de la Serre.
Tristan.

PIECES DE THEATRE

De chacun de ces Autheurs.

DE Mr. BIGRE.

Le Fils mal-heureux.
Le Bigame.

DE Mr. DE BOISROBERT.

Les Apparences trompeuses.
La Belle Inuisible.

La Belle Plaideuſe.
L'Inconnu.
Alphedre.
Periandre.
La Fole Gageüre.

DE Mr. DES BROSSES.

Les Songes des Eueillez.

. . . .

DE Mr. CLAVERET.

Le Roman du Marais.
Le Rauiſſement de Proſerpine.
Les Faux Nobles.

DE Mr. CYRANO.

Agrippine.
La Pedan Ioüé.

DE Mr. DOVVILLE.

Les Fourbes d'Arbiran.
L'Aſtrologue.
l'Eſprit follet.

L'Abſent

L'Abſent chez ſoy.

Croire ce que qu'on ne void point', ou ne pas croire ce que l'on void.

DE Mr. DVRIER.

Les Vendanges des Sureſne.
Alcimedon.
Eſther.
Sceuofe.
Cleomedon.
Nitocris.
Themiſtocle.
Alcyonée.

DE Mr. GILLET.

Les Cinq Paſſions.
L'Art de regner.
Conſtantin.
Sigiſmond.
Le Deniaiſé.
Le Campagnard.

DE

DE Mr. DE GOMBAVD.

L'Amarante, Paſtorale.
Les Danaïdes.

DE Mr. MAGNON.

Sejanus.
Ioſophat.
Oroondate.

DE Mr. MARECHAL.

Torquatus.
Le Capitan Fanfaron.

DE Mr. DE LA MENARDIERE.

La Pucelle d'Orleans.

DE Mr. DE MOLIERE.

Les Preticuſes Ridicules.
L'Etourdi, ou les Contretemps.
L'Amour Medecin.

DE PICHOV.

DE

DE Mr. DE ROTROV.

DE Mr. SCARRON.

Le Gardien de soy-méme.
Le Marquis Ridicule.

DE Mr. DE SCVDERY.

Lidias ou Lygdamon.
Le Trompeur puni.
Lucidan, ou le Heraut d'Ar-
    mes.
Orante.
La Mort de Cesar.
Les Freres ennemis.
Andromire.
Le Prince deguisé.
Didon.
Annibal.
Ibrahim.

DE Mr. DE LA SERRE.

Thomas Morus.

DE Mr. TRISTAN.

Osman.

La

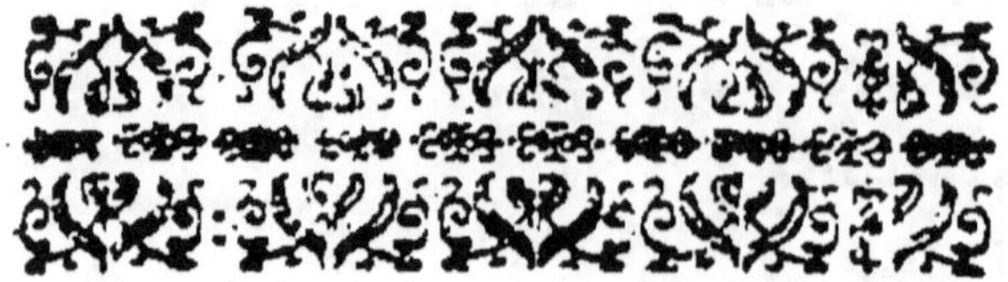

LIVRE TROISIEME.

De la conduite des Comediens,
Et de l'établiſſement des
deux Hoſtels.

ES plaiſirs du Theâ-
tre coulent de deux
ſources, qui doi-
uent y contribuer
egalement; & leur vnion eſt
ſi neceſſaire, que l'vne ou l'autre venant à manquer, il n'y
à proprement plus de Comedie. Peu de gens ſont capables
de bien goûter vn Poëme Dramatique dans le cabinet, & le
Poëte en a peu de gloire, ſi
le Comedien ne le recite en

1.
Deux
ſources
des
plaiſirs
qu'on
va goû-
ter au
Theâ-
tre.

F   public.

public. Les Autheurs, comme j'ay dit, sont les Dieux
Tutelaires du Theâtre, & les
Acteurs sont les Interpretes
de leurs volontez, qui n'ont
guere de force que dans leurs
bouches. Pour dire les choses
plus clairement, vne Piece,
quelque excellente qu'elle
puisse estre, n'ayant pas esté
representée ne trouuera point
de Libraire qui se veuille char-
ger de l'impression; & la moin-
dre bagatelle qui sera fade sur
le papier, & que l'action aura
fait goûter sur le Theâtre trouue d'abord marchand dans la
Sale du Palais. Ce sont là des
preuues bien certaines de la
necessité absoluë du Comedien pour les plaisirs du spectacle, puisque l'ouurage du
Poëte seroit enterré, ou ren-
fermé

fermé au moins dans les tri-
stes bornes d'vn manuscrit,
qui ne peut guere passer que
dans deux ou trois ruelles.

I'ay parlé de la difference
qui se trouue dans les genies
des Autheurs, il y en a de
méme entre les Acteurs & les
Actrices; ce qu'au liure precedent ie n'ay pas assez touché.
Comme les talens sont diuers,
l'vn n'est propre que pour le
serieux, l'autre que pour le
Comique, & Iodelet auroit
aussi mal reüssi dans le rôle
de *Cinna*, que Bellerose dans
celuy de *Dom Iaphet d'Arme-
nie*. Il est rare de voir vn
Acteur exceller dans les deux
genres, & dans tous les caracteres, & le Theâtre n'a guere
eu qu'vn Montfleury qui s'est
rendu Illustre en toutes manieres.

nieres. Aussi auoit il de l'esprit infiniment, & il s'en est
fait vne large effusion dans
sa famille. Les Troupes vsent
en cecy d'vne iuste œconomie, & les Comediens se faisant iustice les vns aux autres
partagent entre eux les rôles
selon leur capacité. Celuy-cy
prend les Roys, celuy-là les
Amoureux, & les plus habiles ne dedaignent point de
prendre vn Suiuant, s'il est necessaire. S'ils en vsent autrement, & si dans la distribution
des rôles ils ont d'autres veücs
que le bien commun, & de la
Troupe, & du Poëte, & de
l'Auditeur, ils en sont blamez;
ce qui arriue quelquefois dans
les Troupes de Paris, & tres
souuent dans celles de la Campagne. Il en est de méme des
femmes,

femmes, dont les vnes font propres pour des rôles emportez, les autres pour des rôles tendres; & comme il n'y en a pas vne qui ne foit bien aife de paffer toûjours pour jeuue, elles ne s'empreffent pas beaucoup à reprefenter des Sifigambis. Il eft de l'art du Poëte de ne produire des meres que dans vn bel âge, & de ne leur pas donner des fils qui puiffent les conuaincre d'auoir plus de quarante ans. Pour dire les chofes comme elles font, & à la Comedie, & par tout ailleurs, il y a de la peine à regler les femmes, & les hommes en donnent moins.

Le Comedien & le Poëte 3.
font de la forte vn excellent Excel-
Compofé, & font, à le bien lent Com-

F 3   pren

prendre, le corps & l'ame de
la Comedie. Le Poëte est la
forme substantielle, & la plus
noble partie, qui donne l'e-
stre & le mouuement à l'autre: le Comedien est la matiere, qui reuêtue de ses accidens ne touche pas moins
les sens que l'esprit de qui elle reçoit son action. C'est ce
qui doit aisement persuader,
qu'ils sont d'aussi ancienne
origine l'vn que l'autre, &
que dés qu'ils s'est parlé au
Monde de Comedie, il s'est
parlé de Poëtes & de Comediens. I'ay donné aux premiers tout le Liure precedent,
ie denoüe celuy cy aux au-
tres, c'est à dire aux Comediens de France, & particulierement à ceux qui compo-
sent les deux Troupes de
Paris.

Paris. Leurs Predecesseurs sont
sortis de la Grece, & ayant
passé en Italie se sont depuis
répandus dans les autres Prouinces de l'Europe, où ils ont
áquis de la reputation, & s'ápuy
de tous les Princes. Il est aisé
de croire que leur Gouuernement a souuent changé de face, & qu'ils se sont ácommo-
dez aux temps & aux coûtumes des lieux ; ils n'ont pas
toûjours obserué les mémes
loix, & nos Comediens François dont il s'agit seulement,
ont fondé leur petit Estat sur
d'assez bonnes maximes.

Mais auant que d'aller plus
loin, & d'expliquer à fond
la maniere dont les Come-
diens se gouuernent en ce
qui regarde l'interest public,
voyons comme ils se condui-

 sent

fent dans le particulier ; &
puifqu'il eſt vray que dans le
Monde chaque Famille eſt
vne petite Republique, & vne
image du Gouuernement des
grans Eſtats, il eſt bon d'examiner dans la matiere que ie
traite, ſi les parties répondent
au tout, & ſi entre les Comediens chaque pere de famille
conduit ſa maiſon auec autant d'ordre, qu'ils en áportent tous enſemble à bien con-
duire l'Eſtat. Ie ne ſuis ny
Poëte, ny Comedien : mais i'ay
auec les honneſtes gens beaucoup de paſſion pour la Comedie, i'honore fort ceux qui
l'inuentent, & i'aime fort
ceux qui l'executent, ce qui
m'oblige d'en donner icy vn
portrait fidelle pour detrom-
per les eſprits qui ſe laiſſent
aller

aller au torrent des opinions vulgaires, qui ne sont pas toujours apuyées sur la verité.

Il n'y a point de profession au Monde autorisée par le Souuerain, qui ne soit iuste & vtile, & qui n'ayt pour but le bien public. Cela ne va que du plus au moins, & c'est vne de ces erreurs populaires de croire que la Comedie ayt en soy quelque chose de blâmable, & que les Comediens soient moins à estimer que ceux qui ne le sont pas. I'entens par la Comedie, celle qui est purgée de tous sales equiuoques & de mechantes idées ; & par les Comediens j'entens ceux qui viuent moralement bien, & qui parmy les deuots, (à

F 5 la

4.

Interests des Comediens apuyez par les declarations du Souuerain.

la Comedie prés, dont ils se
declarent ennemis) passeroient
pour fort honnestes gens dans
le monde. Ie n'estime point
vn Comedien dont la vie est
dereglée, & i'estime aussi peu
toute autre personne de quelque profession qu'elle puisse
estre, qui passe de méme les
bornes de l'honnesteté. L'honneste homme est honnéste
homme par tour, & le grand
& facile accez que les Comediens ont auprés du Roy &
des Princes, & de tous les
Grands Seigneurs qui leur
font caresse, doit fort les consoler de se voir moins bien
dans les esprits de certaines
gens, qui au fond ne con-
noissent ny les Comediens ny
la Comedie, ou qui affectent
de ne les connêtre pas. Pour
moy.

moy qui les ay assez hantez,
ie dois auoüer que ie n'ay pas
trouué moins de plaisir chez
eux dans leur honneste conuersation, que dans leur Hostel à la representation de
leurs Comedies.

Quoy que la profession des
Comediens les oblige de representer incessamment des
intrigues d'amour, de rire &
de folâtrer sur le Theâtre; de
retour chez eux ce ne sont
plus les mémes, c'est vn grand
serieux & vn entretien solide;
& dans la conduite de leurs
familles on découure la méme vertu & la méme honne-
steté que dans les familles
des autres Bourgeois qui viuent bien. Ils ont grand soin
les Dimanches & les Festes
d'assister aux exercices de

5.
Leur
assidui-
té aux
exerci-
ces
pieux.

F 6　　pieté,

pieté, & ne representent alors
la Comedie qu'apres que l'Office entier de ces iours-là est
acheué, lequel comme cha-
cun sçait, commence la veil-
le aux premieres Vespres, &
finit le lendemain aux secondes ; de sorte, qu'on ne peut
leur reprocher, qu'ils ayent
moins de respect que d'autres pour le Dimanche & les
Festes, puisqu'alors le seruice
de l'Eglise est acheué, & que le
Peuple qui ne peut pas toûjours auoir l'esprit tendu à la
deuotion va chercher quelques diuertissemens honnestes. Que si on trouue mauuais qu'ils prennent cette li-
cence, il n'est pas iuste de
crier contre eux plus que contre d'autres gens, à qui on ne
dit mot, quoy que toute l'a-

presdinée

presdinée du Dimanche ils
tiennent ouuerts plusieurs
lieux destinez au diuertissement du public, & où il y a
moins à profiter qu'au Theatre. Mais aux Festes solennelles, & dans les deux se-
maines de la Passion les Comediens ferment le Theâtre,
ils se donnent particulierement durant ce temps là aux
exercices pieux, & aiment
sur tout la predication, qui
est vn des plus vtiles. Quelques vns d'entre eux m'ont
dit, que puis qu'ils auoient
embrassé vn genre de vie qui
est fort du monde, ils deuoient hors de leurs occupa-
tions trauailler doublement
à s'en detacher, & cette pensée est fort Chrestienne. Aussi
la charité qui couure vne
multitude

6.
Leurs
aumof·
nes.

multitude de pechez est fort en vsage entre les Comediens, ils en donnent des marques assez visibles, ils font des aumônes & particulieres & generales, & les Troupes de Paris prennent de leur mouuement des boistes de plusieurs hospitaux, & maisons Religieuses, qu'on leur ouure tous les mois. I'ay veu méme des Troupes de Campagne, qui ne font pas de grans gains, deuoüer aux hospitaux des lieux où elles se trouuent la recette entiere d'vne representation, choisissant pour ce jour là leur plus belle piece pour attirer plus de monde.

7.
L'edu-
cation
de leurs
enfant.

La bonne education de leurs enfans ne doit pas estre oubliée, & les familles de Comediens que i'ay connües à Paris

Paris ont esté eleuées auec grand soin; l'ordre en toutes choses estoit obserué, les gar-çons instruits dans les belles connoissances, les fil-es occu-pées au trauail, la table bon-ne sans y auoir rien de super-flu; la conuersation honnête durant le repas, & en quoy que ce fust je n'ay point trou-ué de distinction entre leurs maisons & celle d'vn Bour-geois la mieux reglée. S'il se trouue dans la Troupe quel-ques personnes qui ne viuent pas auec toute la regularité qu'on peut souhaiter; ce de-faut ne rejallit pas sur tout le Corps, & c'est vn defaut com-mun à tous les Estats & à tou-tes les familles. Ces personnes là n'y sont souffertes que par l'excellence d'vn merite sin-gulier.

8. Leur soin à ne rece-uoir en-tre eux qac des gens qui vi-uent bien.

gulier dans la Profeſſion ; ce
qui en pareil cas force bien
d'autres Communautez à la
neceſſité de ſoufrir ce qu'elles
ne peuuent empeſcher ſans
détruire leurs auantages. Auſſi
puis-ie dire que quand il s'agit
de receuoir dans la Troupe vn
Acteur nouueau, ou vne nouuelle Actrice, on n'examine
pas ſeulement ſi la perſonne
eſt pourueüe des qualitez neceſſaires pour le Theâtre, d'vn
grand naturel, d'vne excellente memoire, de beaucoup
d'eſprit & d'intelligence, d'v-
ne humeur commode pour
bien viure auec ſes camarades, & de zele pour le bien
public, qui ſe détache de tout
intereſt particulier : mais on
ſouhaitte auſſi que les bonnes
mœurs ácompagnent ces bonnes

nes qualitez, & qu'il ne s'in-
troduise dans la Troupe ny
homme ny Femme qui don-
ne scandale, ce qui se void
rarement, car tous les bruits
qui courent sur ces matieres
de tous les endroits du monde sont le plus souuent tres
faux. Il est donc vray que les
familles des Comediens sont
ordinairement tres bien re-
glées, qu'on y vit honnestement ; & c'est sur ce pied là
que les gens raisonnables en
font estat, qu'ils les traittent
auec ciuilité & les apuyent
dans les occasions de tout leur
credit.

l'aurois tort de passer icy
sous silence le glorieux té-
moignage qu'vn des premiers
Magistrats de France rendit
il y a quelques années aux

9.
Témoi-
gnage
auanta-
geux
que leur
rend

Come

vn des premiers Magistrats de France.

Comediens de Paris; Que l'on n'auoit iamais veu aucun de leur Corps donner lieu aux rigueurs de la justice; ce qu'en tout autre Corps, quelque considerable qu'il puisse estre, on auroit de la peine à rencontrer. Aussi n'a-t-on pas dédaigné de tirer d'entre eux des gens pour remplir de hautes charges de justice, & méme pour seruir l'Eglise & monter jusqu'à l'Autel dans les Societez & seculieres & Religieuses, dequoy il se peut produire des exemples tout recens.

10. Leurs prerogatiues.

Mais vne des plus fortes raisons qui doit porter toute la France à vouloir du bien aux Comediens, est le plaisir qu'ils donnent au Roy pour le delasser quelques heures de

ses

ses grandes & heroïques oc-
cupations. Qui aime son Roy
aime ses plaisirs ; & qui aime
ses plaisirs aime ceux qui les
luy donnent , & qui ne sont
pas des moins necessaires à
l'Estat. Aussi void on le Roy
ápuyer les Comediens de son
autorité , & leur donner des
Gardes, quand ils en demandent. Il leur est permis d'entrer au petit coucher ; & Moliere ayant esté valet de chambre du Roy, ayant fait le lit
du Roy , cet exemple & les
autres que i'ay produits nous
persuadent assez que les Comediens peuuent estre admis
aux charges à la Cour, à la
Ville & dans l'Eglise, sans que
la Profession qu'eux où leurs
peres ont suiuie,& qu'ils quit-
tent alors, leur serue d'obsta-
cle.

cle. Enfin comme dans toutes sortes de professions il y a
des gens qui viuent bien , &
à qui il peut venir de saintes
pensées, il est sorti vn Mar-
tyr d'entre les Comediens , &
vn saint Genest dont l'Eglise
celebre la feste le 31. d'Aoust, a
fini ses iours par vne tres glo-
rieuse Tragedie. Toutes ces
raisons suffiroient pour aquerir aux Comediens l'aproba-
tion generale : Mais i'en ay
encore d'autres, & elles ne
seront peut estre pas rejettées
par nos seueres Censeurs.

11. Il n'y a point de Pere de Famille , quelque seuere qu'il
puisse estre à ses enfans, qui
n'auoüe auec moy, que sans
les Comediens mille ieunes
gens qui les vont voir & paf-
sent innocemment tantost à

vn

vn hostel, & tantost à l'autre,
d'eux ou trois heures d'vne
apresdinée, iroient perdre ce
tems là en des lieux de debauche, où leur ieunesse les
emporteroit faute d'ocupation,
& y laisser beaucoup plus d'argent qu'à la Comedie, où ils
peuuent à la fois s'instruire &
se diuertir. Et c'est, comme
i'ay dit, cette consideration
qui a porté principalement les
anciennes Republiques les
mieux policées à autoriser la
Comedie.

Pourquoy me tairois-ie de
l'auantage que les Orateurs
Sacrez tirent des Comediens,
aupres de qui, & en public,
& en particulier ils se vont former à vn beau ton de voix &
à vn beau geste, aides necessaires au Predicateur pour toucher

cher les cœurs, dont la dureté
veut estre amolie par la chaleur du discours & la grace
auec laquelle il est prononcé.

Si les Comediens viuent
honnestement dans leurs familles, ils viuent fort ciuilement entre eux, ils se visitent
& sont ensemble de petites
rejoüissances; mais auec mo-
deration, & peu souuent,
de peur que trop de frequen-
tation n'attire le mépris ou
la debauche.

12.
Leurs
belles
Coutû-
mes.
Entre les traits de leur Politique, celuy-cy merite d'e-
stre remarqué. Ils ne veulent
point souffrir de pauures dans
leur Estat, & ils empeschent
qu'aucun de leur Corps ne tombe dans l'indigence. Quand
l'âge ou quelque indisposition
oblige vn Comedien de se
retirer,

retirer, la personne qui entre
en sa place est tenuë de luy
payer sa vie durant vne pension honneste , de sorte que
dés qu'vn homme de merite
met le pied sur le Theâtre à
Paris, il peut faire fond sur
vne bonne rente de trois ou
quatre mille liures tandis qu'il
trauaille , & d'vne somme suf-
fisante pour viure quand il
veut quitter. Coûtume tres
loüable , qui n'auoit lieu cy
deuant que dans la Troupe
Royale , & que celle que le
Roy a établie depuis peu veut
prendre pour vne forte base
de son affermissement. Ainsi
dans les Troupes de Paris les
places sont comme erigées en
charges, qui ne sçauroient manquer ; & à l'Hostel de Bourgogne, quand vn Acteur ou
vne

vne Actrice vient à mourir,
la Troupe fait vn present de
cent pistoles à son plus proche heritier, & luy donne
dans la perte qu'il a faite vne
consolation plus forte que les
meilleurs complimens. Il est
glorieux aux Comediens du
Roy d'en vser ainsi, & que
ceux qui ont blanchi entre
eux dans le seruice, ayent de
quoy s'entretenir honorablement jusqu'à la fin de leurs
iours.

13.
Diffe-
rence
entre
les
Trou-
pes de
Paris &
celles
de la
Cam-
pagne.
C'est à ce grand auantage
qu'aspirent les Comediens de
Prouince, & les Troupes de
Paris sont leurs Colonnes
d'Hercule, où ils bornent
leurs courses & leur fortune.
Cette belle condition ne se
peut trouuer entre eux, parce que leurs Troupes, pour

la

la plus part ; changent fouuent ; & presque tous les Ca-
resmes. Elles ont si peu de
fermeté , que dés qu'il s'en
est fait vne , elle parle en méme temps de se desunir , &
soit dans cette inconstance ,
soit dans le peu de moyen
qu'elles ont d'auoir de beaux
Theâtres & des lieux com-
modes pour les dresser , soit
enfin dans le peu d'experience
de plusieurs personnes qui
n'ont pas tous les talens necessaires, il est aisé de voir la difference qui se trouue entre les
Troupes fixes de Paris, & les
Troupes ambulantes des Prouinces.

Voila de quelle maniere les
Comediens se conduisent dans
leurs familles & entre eux
mémes : voyons maintenant
 com

comme ils conduisent ensemble leur petit Estat, quelle est la forme de leur gouuernement, & s'ils vsent au dedans & au dehors d'vne sage Politique.

14.
Forme du Gouuernement des Comediés.

Il n'y a point de gens qui aiment plus la Monarchie dans le monde que les Comediens, qui y trouuent mieux leur conte, & qui témoignent plus de passion pour sa gloire : mais ils ne la peuuent soufrir entre eux, ils ne veulent point de maître particulier, & l'ombre seule leur en feroit peur. Leur Gouuernement n'est pas toutefois purement Democratique, & l'Aristocratie y a quelque part. Ce gouuernement comme celuy de toutes les autres Societez est vne maniere de Republique fondée

sur

sur des loix d'autant plus iu-
stes, qu'elles ont pour but le
bien public, de diuertir &
d'instruire, ce que i'ay fait voir
au premier Liure, & ce qui
se verra encore mieux en celuy-cy. L'authorité de l'Estat
est partagée entre les deux
sexes, les femmes luy estant
vtiles autant ou plus que les
hommes, & elles ont voix de-
liberatiue en toutes les affaires qui regardent l'interest
commun. Mais il se rencontre comme ailleurs aux vns
& aux autres de l'inegalité
dans le merite, ce qui en cause de méme dans les employs
& dans les profits. Car enfin
il n'est pas iuste que ceux qui
rendent peu de seruice à l'E-
stat ayant les mémes áuantages que ceux qui en rendent

G 2   beau

beaucoup, & c'est de là que
procede entre eux la diftinction des parts, des demy-
parts, des quarts & trois quarts
de part; en quoy ils obferuent
bien fouuent vne proportion
de bien-feance plûtoft qu'vne
proportion de merite. Quel-
quesfois la demy part, & méme la part entiere eft ácordée
à la femme en confideration
du mary, & quelquefois au
mary en confideration de la
femme; & autant qu'il eft
poffible, vn habile Comedien
qui fe marie prend vne femme qui puiffe comme luy me-
riter fa part. Elle en eft plus
honorée, elle a fa voix dans
toutes les deliberations, &
parle haut, s'il eft neceffaire,
& (ce qui eft le principal) le
menage en a plus d'vnion &
de

de profit. Il en est de même
d'vne bonne Comedienne, à
qui il est auantageux d'auoir
vn mary capable, & qui ayt
aquis de la reputation : mais
cela ne se rencontre que rarement, & dans ce petit Estat
les mariages vont comme ailleurs, selon que le Destin les
conduit. Ces distinctions &
de merite & d'employs, &
de profits n'empeschent pas
qu'ils ne s'entretiennent dans
la concorde, & s'il naist quelquefois entre eux des jalousies, l'interest public ne veut
pas qu'elles éclatent, ils ont
la discretion de les cacher, &
les desinterressez prennent
soin d'ácommoder les petits
differens de quelques particuliers, qui ne pourroient croître
sans que le Corps en souffrist.

 Mais

Mais il faut venir au detail
des chofes, & donner quelque ordre à mon difcours. Ie
parleray donc premierement
des raifons qu'ont les Comediens d'aimer paffionnement
la Monarchie dans le Monde,
& de la haïr mortellement
dans leur Corps. Apres ie feray voir comme ce Corps eft
vne maniere de Republique,
& de la plus belle efpece;
quelle eft la fin de fon gouuernement, & les auantages
qu'on en peut tirer. En dernier lieu j'expoferay les prin-
cipales maximes des Come-
diens, & les traits les plus
delicats de leur Politique, foit
à l'egard d'eux mémes; foit à
l'egard de la Cour & de la
Ville, & nous auons des-ja
veu comme ils fe conduifent
dans

dans les affaires qu'ils ont auec
les Autheurs.

l'ay eu raison de dire qu'il
n'y a point de gens qui aiment
plus la Monarchie dans le
Monde que les Comediens.
Premierement ils sont acoûtu-
mez à representer des Roys
& des Princes, à demesler
des intrigues de Cour, & vn
Estat Republiquain n'en peut
fournir degalantes. L'Amour
entre Bourgeois & Marchands
a peu de delicatesse, il ne produit point de ces grans euenemens qui embelissent la
scene, & ces gens là ne sont
pas des sujets assez releuez
pour en fournir vn de Comedie. D'ailleurs les Comediens
tirent de chez les Roys des
douceurs qu'ils ne trouue-
roient pas chez des Bourgue-
G 4   mestres,

15.
Raisons
qu'ils
ont
d'aimer
l'Estat
monar-
chique
dans le
Monde.

mestres, qui ne leur pourroient donner ces riches &
pompeux ornemens faits pour
des Entrées, des Carrousels,
& d'autres actions solennelles,
de quoy les Princes leur font
liberaux. Depuis la mort du
dernier Prince d'Orange, qui
entretenoit vne Troupe de
Comediens François, elle n'eut
pas grande satisfaction en cette partie des pays bas où il
commandoit, & elle trouua
mieux son conte à Bruxelles
auprés de la Cour.

16. Mais il n'y a point de Royaume au Monde, où les Comediens soient mieux affer-
mis qu'en France, & ils y
trouuent des auantages que
nul autre Estat pour puissant
qu'il soit ne sçauroit fournir.
Tandis que la France est en
guerre

Grande diffe-rence des Ro-yaumes & des republi-ques pour les plaisirs de la vie.

guerre au de hors auec l'Etran-
ger, la paix & la joye regnent
toûjours au dedans, la Comedie va son même train, le
Parterre, l'Amphitheatre, les
Loges, tout est plein de monde, & les Acteurs ont souuent de la peine à se ranger
sur le Theâtre, tant les aîles
sont remplies de gens de qualité qui n'en peuuent faire
qu'vn riche ornement. Mais
dés qu'vne Republique est
en armes, quelque bonne opinion qu'elle ayt de ses forces,
tous les diuertissement y ces-
sent d'abord, les Theâtres sont
fermez, & les peuples dans
vne áprehension continuelle
que l'Ennemy ne vienne joüer
chez eux de sanglantes Tragedies. Sans parler de la guerre, il ne se void jamais de

Comediens dans l'vne des trois grandes Republiques de l'Europe ; & dans tout l'Empire, qui est vn Gouuernement meslé du Monarchique & de l'Aristocratique, & qui tient plus du dernier, il ne se trouue que deux ou trois Troupes de Comediens du Pays, qui sont fort peu occupées. Les seuls Ducs de Brunsuic qui sont splendides en toutes choses , qui ont de l'esprit infiniment , & qui sçauent gouster tous les honnestes plaisirs, entretiennent depuis plusieurs années , vne bonne Troupe de Comediens François, comme fait depuis peu l'Electeur de Bauiere, dont la Cour est magnifique. Mais en diuers voyages que i'ay faits dans toutes les Cours

de

de l'Empire, ie n'ay veu des
Comediens nulle part qu'à
Vienne, à Prague, à Munich
& en Lunebourg. Ajoûtons
que naturellement les Comediens aiment le plaisir, estant
juste qu'ils en prennent, puis
qu'ils en donnent aux autres,
& que dans les Republiques
les plaisirs sont fades, & qu'il
ny en a pas de toutes les sortes comme dant les Monarchies, où les honnestes libertez sont plus étendües, & où
l'on n'exige pas des peuples
vne si grande regularité.

Enfin dans vn Royaume les
Comediens ont à qui faire
agreablement la Cour; le Roy,
la Reine, les Princes, les
Princesses, & les Grands Seigneurs; & c'est dans ces soins
& les respects qu'ils leur ren-

dent

dent qu'ils aprennent à se former aux belles mœurs, & à
l'habitude des grandes actions
qu'ils doiuent reprefenter fur
le Theâtre. Mais vne Republique, où le premier des
Magiftrats ne fait pas plus de
bruit qu'vn fimple Bourgeois,
ils n'ont perfonne à voir, &
il me fouuient qu'en tout Am-
fterdam, l'vne des plus grandes & plus riches Villes de
l'Vniuers, les Comediens François n'auoient qu'vne feule
Dame de qualité & d'efprit
qui les apuyoit de fon credit;
ils la voyoient quelquefois,
& quoy qu'elle fuft femme
d'vn des plus confiderables
& plus riches Bourguemeftres,
fa maifon ny fon train ne fai-
foient pas plus de bruit qu'il
s'en fait chez vn Marchand.
Mais

Mais si le sejour des Republiques n'est pas le fait des Comediens, le Gouuernement Republiquain leur plaist fort entre eux; ils n'admettent point de Superieur, le nom seul les blesse, ils veulent tous estre égaux, & se nomment camarades. Il est vray que leur Gouuernement est de la plus belle espece, qu'il s'en faut peu qu'il ne soit entierement Aristocratique, & que ceux d'entre eux qui ont le plus de merite ont aussi dans l'Estat le plus de credit. Les autres suiuent aisement, & s'abandonnent à leur conduite. Il arriue quelquefois qu'entre les Principaux il se forme deux partis, & chacun des autres suit alors celuy où son interest le porte.

Mais,

17.

Les Comediés aiment entre eux le Gouuernement Republiquain.

Mais ce qui arriue entre les
Comediens, arriue dans tous
les Estats les mieux policez,
& méme dans les Societez
les plus parfaites ; qui fem-
blent auoir rompu tout commerce auec le Monde ; & fi
leur petit Estat ne peut estre
exent de factions, l'interest
public l'emporte toûjours, &
de ce côté là ils viuent dans
vne parfaite intelligence.

18.   Toutes les Troupes de Comediens, tant les Sedentai-
res qui ne quitent point Paris,
que les Ambulantes qui vi-
fitent les Prouinces, & que
l'on ápelle Troupes de Campagne, ne font pas vn méme
Corps de Republique, cha-
que Troupe fait bande à part,
elles ont leurs interests fe-
parez, & n'ont pû venir encore

Leurs Trou-pes font chacu-ne vn Corps à part.

core à vne étroite alliance.
Quoy que leurs mœurs & coûtumes soient pareilles, & qu'elles obseruent les mémes loix, elles n'ont point d'Amphictions ny de Conseil General, comme les sept Villes de la Grece; en vn mot ce ne sont pas des Estats Confæderez, ny qui se veuillent beaucoup de bien l'vn a l'autre. I'ay promis de ne pas flater, & de dire les choses comme elles sont. Mais ie trouue qu'il en va de méme entre tous les Estats de la Terre, entre toutes les Villes, entre toutes les Familles, & il n'y a rien en cela d'extraordinaire entre les Comediens. Cette emulation que ie feray voir ailleurs tres necessaire & vtile au bien commun, ne va presentement

19.
Leur
Emula-
tion
vtile au
Public.

fentement à Paris que d'vn
bord de la Seine à l'autre :
mais entre les Comediens de
Campagne elle s'étend bien
plus loin, elle court auec eux
toutes les Prouinces du Royaume, & c'eſt vn malheur
pour eux, quand deux Troupes ſe rencontrent enſemble
en même lieu dans le deſſein
d'y faire ſejour. I'en ay veu
plus d'vne fois des Exemples,
& depuis peu a Lyon, lors

20.
Rencó-
tres fâ-
cheuſes
de deux
Trou-
pes de
Prouin-
ces en
même
Viile.

qu'en Nouembre dernier les
Daufins, qui ſçauent conſeruer l'eſtime generale qu'ils ont
aquiſe, & ſont toûjours fort
ſuiuis, ne cederent le terrein
que bien tard à vne autre
Troupe qui languiſſoit là depuis plus de trois ſemaines.
Dans ces rencontres chacune
des deux Troupes fait ſa ca-
bale,

bale, sur tout quand elles s'o-
piniâtrent à repreſenter comme l'on fait à Paris, les mêmes
jours & aux mêmes heures;
c'eſt à qui aura plus de partizans, & il s'eſt veu ſouuent
pour ce ſujet des Villes diui-
ſées, comme la Cour le fut
autrefois pour *Vranie* & pour
Iob. Mais j'ay veu auſſi des
Troupes s'acorder en ces oca-
ſions, ſe meſler enſemble, &
ne faire qu'vn Theâtre; & il
me ſouuient qu'en 1638. cela
fut pratiqué à Saumur par
deux Troupes que l'on nom-
moit alors de *Floridor* & *de
Filandre*, parce que ces deux
Comediens annonçoient, &
qu'ils eſtoient les meilleurs
Acteurs. Elles trouuerent plus
d'auantage en cet accommo-
dement, & en furent louées

de

de tous les honneſtes gens,
qui furent edifiez de leur bonne intelligence.

21.
Grand
ſoin des
Come-
diens à
faire
leur
Cour au
Roy &
aux
Prin-
ces.

Le ſoin principal des Co-
mediens eſt de bien faire leur
Cour chez le Roy, de qui ils
dependent, non ſeulement
comme ſujets, mais auſſi comme eſtant particulierement à
ſa Majeſté, qui les entretient
à ſon ſeruice, & leur paye regulierement leurs penſions.
Ils ſont tenus d'aller au Louure quand le Roy les mande,
& on leur fournit de carroſſes

22.
Leurs
priuile-
ges au
Louure,
& au-
tres
maiſós
Roya-
les, où
ils ſont
mādez.

autant qu'il en eſt beſoin. Mais
quand ils marchent à Saint
Germain, à Cambor, à Ver-
ſaille, ou en d'autres lieux,
outre leur penſion qui court
toûjours, outre les carroſſes,
chariots & cheuaux qui leur
ſont fournis de l'Ecurie, ils

ont

ont de gratification en commun mille écus par mois, chacun deux efcus par jour pour
leur depence, leur gens à proportion, & leurs logemens
par Fourriers. En reprefentant
la Comedie il eft ordonné
de chez le Roy à chacun des
Acteurs & des Actrices à Paris ou ailleurs, Efté & Hyuer,
trois pieces de bois, vne bou-
teille de vin, vn pain, & deux
bougies blanches pour le Louure; & à S. Germain vn flam-
beau pefant deux liures; ce
qui leur eft áporté ponctuellement par les Officiers de la
Fruiterie, fur les Regiftres de
laquelle eft couchée vne col-
lation de vingt - cinq efcus
tous les jours que les Comediens reprefentent chez le
Roy, eftant alors Commen-
faux.

saux. Il faut ájoûter à ces áuantages qu'il n'y a guere de gens
ce qualité qui ne soient bien
ailes de regaler les Comediens qui leur ont donné quelque lieu d'estime, ils tirent
du plaisir de leur conuersation, & sçauent qu'en cela ils
plairont au Roy, qui soûhaite
que l'on les traitte fauorable-
ment. Aussi void on les Comediens s'aprocher le plus
qu'ils peuuent des Princes &
des Grands Seigneurs, sur tout
de ceux qui les entretiennent
dans l'esprit du Roy, & qui
dans les ócasions sçauent les
ápuyer de leur credit. Generalement ils vsent de grande
ciuilité enuers tout le Monde, & particulierement enuers les Autheurs fameux
dont ils ont besoin. Pour ceux

des

23.
Leur
ciuilité
enuers
tout le
Monde.

des basses classes, & dont les
ouvrages font peu de bruit,
ils les souffrent amiablement,
& ne prennent point de leur
argent à la porte ; & il y a
d'autres gens à qui ils font la
méme ciuilité.

Sur l'abus qui fut representé au Roy, lors que mille gens
vouloient faire coûtume d'entrer fans payer, ce qui cau-
foit fouuent à la porte & au
parterre d'etranges defordres;
qui degoûtoient le Bourgeois
de la Comedie, fa Majefté fit
defences expreffes à toutes
perfonnes de quelque qualité
qu'elles puffent eftre de fe prefenter à la porte fans argent,
& permit aux Comediens de
prendre des Gardes pour s'ó-
pofer aux violences qu'on leur
voudroit faire. Ie produiray à
la

24.
Decla-
ration
du Roy
en leur
faueur.

la fin du Liure la Declaration du Roy du 9. Ianuier
1673. en faueur de la Troupe Royale, qui luy auoit pre-
senté Requeste sur ce sujet.
Auant ce bon ordre, la moitié
du parterre estoit souuent remplie de gens incommodes,
il en entroit aux loges, on
voyoit beaucoup de monde
& fort peu d'argent. En toutes Professions l'espoir de la
recompense est vn grand mo-
tif pour porter les gens à
bien faire leur deuoir, &
quand l'Acteur void son Hostel bien rempli, dans la joye
qu'il a d'estre honoré d'vn
grand nombre d'Auditeurs,
il échaufe son recit, il entre
mieux dans les passions qu'il
represente, & donne plus de
plaisir à ceux qui l'ecoutent.

Ie

Ie viens à l'œconomie ge-
nerale, & à l'ordre que les
Comediens obseruent dans
leurs affaires. Ils s'assemblent
souuent pour diuerses occasions, ou dans leur hostel,
ou quelquefois au logis d'vn
particulier de la Troupe. Tantost c'est pour la lecture des
ouurages que les Autheurs
leur aportent, tantost pour
leur disposition & pour en
distribuer les rôles, ou pour
les repetitions. I'ay parlé au
Liure precedent de ces trois
articles.

Mais ce ne sont pas les
seuls sujets qui obligent les
Comediens de s'assembler,
Ils s'assemblent encore quand
ils jugent à propos de dresser
vn Repertoire, c'est à dire
vne liste de vieilles pieces

pour

25.
Leur
condui-
te dans
leurs
affaires.

26.
Diuers
sujets
d'assem.
blée.

pour entretenir le Theâtre
durant les chaleurs de l'Esté
& les promenades de l'Au-
tonne, & n'estre pas obligez
tous les soirs qu'on represente
de deliberer à la haste & en
tumulte de la piece qu'on doit
annoncer. De plus ils s'assemblent tous les mois pour les
comptes generaux, qui sont
rendus par le Tresorier qui
garde le coffre de la Communauté, le Secretaire qui
tient les Registres, & le Contrôleur. Ils s'assemblent encore quand il faut ordonner
d'vne piece de machine, &
auancer des deniers pour quelque ocasion que ce soit; quand
il faut ácroître la Troupe de
quelque Acteur ou de quelque Actrice, quand il faut faire des reparations, ou pour
quelques

quelques autres causes extraordinaires.

Les Comediens sont quel-
quefois ápelez en visite, ou
à la ville, ou à la campagne,
quand vn Prince ou vne personne de qualité veut donner
chez soy le diuertissement de
la Comedie. Alors on fournit
à la Troupe de carosses & de
toutes choses necessaires, il y
a ordre de la receuoir tres
ciuilement, on luy fait caresse, & elle ne s'en retour-
ne jamais que tres satisfaite,
chacun se piquant de se montrer honneste & Liberal aux
Comediens, qui de leur côté
n'épargnent rien pour donner de la satisfaction à tout le
monde. Ils ne consultent pas
s'il leur en coûte beaucoup,
& s'ils reçoiuent des douceurs

27.
Visites
en villes
& au
voisina-
ge.

H   de

de la Cour & de la Ville;
s'ils touchent de l'argent &
du Roy & du Public, ils n'en
abusent pas, ils s'en font honneur, & c'est à qui des Acteurs
& des Actrices aura des habits plus magnifiques.

28.
Grande
depen-
ce en
habits.

Cet article de la depence
des Comediens est plus considerable qu'on ne s'imagine.
Il y a peu de pieces nouuelles
qui ne leur coûtent de nouueaux ajustemens, & le faux
or, ny le faux argent qui rou-
gissent bien tost n'y estant
point employez, vn seul habit à la Romaine ira souuent à
cinq cens escus. Ils aiment
mieux vser de menage en toute autre chose pour donner
plus de contentement au Public; & il y a tel Comedien,
dont l'equipage vaut plus de
dix

dix mille francs. Il est vray
que lors qu'ils representent
vne piece qui n'est vniquement
que pour les plaisirs du
Roy, les Gentils hommes de
la Chambre ont ordre de donner
à chaque Acteur pour ses
ajustemens necessaires vne
somme de cent escus ou quatre
cens liures, & s'il arriue
qu'vn méme Acteur ayt deux
ou trois personnages à representer,
il touche de l'argent
comme pour deux ou pour
trois.

Mais ce n'est pas le Theâtre
seul qui porte les Comediens
à de grans frais; hors des jours
de Comedie, ils sont toûjours
bien vêtûs, & estant obligez
de parêtre souuent à la Cour,
& de voir à toute heure des
personnes de qualité, il leur

est necessaire de suiure les
modes, & de faire de nou-
uelles dépences dans les habits ordinaires ; ce qui les empesche de mettre de grosses
sommes à interest. Aussi a-t-on
veu peu de Comediens deuenir riches, ils se contentent
de viure honorablement, &
font ceder leurs auantages particuliers à la belle passion qui
les domine, & à leur vnique
but, qui est de contribuer de
toutes leurs forces aux plaisirs du Roy, & de satisfaire
toutes les personnes qui leur
font l'honneur de les venir
voir.

29.   L'ordre qui s'obserue dans
leur Hostel est aussi vne chose à remarquer. Ils ont soin de
le tenir toûjours propre, &
que rien ne choque la veüe
ny

ny sur le Theâtre, ny aux Loges, ny au Parterre. L'hiuer ils tiennent par tout grand feu, ce qui ne s'obseruoit pas anciennement ; & il ne resteroit plus-qu'à chercher l'inuention de donner l'Esté quelque rafraîchissement , ce qui n'est pas facile, parce que tout est fermé, & que l'air ne peut entrer. Derriere le Theâtre, & hommes & femmes ont leurs reduits separez pour s'habiller, & ne trouuent pas mauuais qu'on vienne alors les voir , sur tout quand ce sont des gens connus , dont la presence n'embarasse pas. Durant la Comedie ils obseruent vn grand silence pour ne troubler pas l'Acteur qui parle, & se tiennent modestement sur des sieges aux

H 3   aisles

ailles du Theâtre pour entrer
juste ; en quoy ils se peuuent
regler sur vn papier attaché à
la toile, qui marque les entrées & les sorties.

La Comédie acheuée & le
monde retiré, les Comediens
font tous les soirs le conte de
la recette du jour, où chacun
peut assister : mais où d'office
doiuent se trouuer le Tresorier, le Secretaire & le Contrôleur, l'argent leur estant
áporté par le Receueur du
Bureau, comme il se verra
plusbas. L'argent conté on leue
d'abord les frais iournaliers ;
& quelquefois en de certains
cas, ou pour áquiter vne dette
peu a peu, ou pour faire quelque auance necessaire, on leue en suite la somme qu'on a
reglée. Ces articles mis à part,
ce

ce qui reste de liquide est
partagé sur le champ, & chacun emporte ce qui luy conuient. Pour les comptes generaux, ils se font, comme i'ay
dit, tous les mois, & les loüages de l'Hostel sont payez
regulierement tous les quar-
tiers.

Voila en peu de mots tout
ce qui se peut dire du gouuernement des Comediens &
de leur conduite. Ie ne les ay
point flatez, le portrait que
j'en ay fait est fidele, & ie n'ay
pû le refuser à la priere de plusieurs honnestes gens, qui
ont voulu les connêtre à fond
pour auoir de quoy les defendre contre de fâcheux Critiques. Il y auroit de l'iniu-
stice à les depeindre autrement. En general ils viuent

30.
Le cha-
ctere
des Co-
med. Es.

H 4　　mora

moralement bien; ils font
francs & de bon conte auec
tout le monde, ciuils, polis,
genereux; ils fe deuoüent tout
entiers au feruice du Roy &
du Public; & en leur fournif-
fant les plus honneftes plaifirs, dont i'ay fait voir & la
neceffité & les auantages, ils
meritent l'áprobation vniuerfelle des honneftes gens.

Ils tems de venir à l'établiffement des Troupe de Paris, & aux reuolutions de ces
deux petits Eftats, qui en fai-
foient trois au commence-
ment de cette année.

31.
Efta-
blif-
fe-
ment
de la
Trou-
pe Ro
yale.

La Troupe Royale qui a toûjours tenu ferme, a toûjours
eu fes douze mille liures de
penfion, & qui eft paruenue
au plus haut point de fa gloire, a eu comme toutes les autres

tres Societez de fébles com-
mencemens. Elle les doit à
vne Confrairie à qui apartient
encore aujourd'huy l'Hostel
de Bourgogne, & ce lieu fut
destiné pour y representer les
plus saincts mysteres du Christianisme. C'est ce que nous
têmoignent quelques piecés
de Theâtre qui nous restent
d'vn Docteur de Sorbonne
en caracteres Gothiques; &
l'on void encore sur le grand
portail de cet Hostel vne pierre où sont en relief les Instru-
mens de la Passion. Cet établissement des Comediens se
fit il y a plus d'vn siecle sur
la fin du Regne de François I.
mais ils ne commencerent
à entrer en reputation que
soûs celuy de Louis XIII.
lors que le grand Cardinal de

Richelieu Protecteur des Mu-
ses témoigna qu'il aimoit la
Comedie, & qu'vn Pierre
Corneille mît ses vers pompeux & tendres dans la bouche d'vn Montfleory & d'vn
Bellerose, qui estoient des Comediens acheuez. Le Cid dont
le merite s'attira de si nobles
ennemis ; & les Horaces, que
le méme Cid eut plus à craindre, parce que leur gloire
alla plus loin que la sienne,
furent les deux premiers ouurages de ce Grand Homme
qui firent grand bruit ; & il a
soûtenu le Theâtre jusques à
cette heure de la méme force. La Troupe Royale pre-
nant cœur aux grans áplau-
dissemens qui acompagnoient
la representation de ses admirables pieces, se fortifioit
de

de jour en jour ; d'autant plus
qu'vne autre Troupe du Roy
qui refidoit au Marais, & où
vn Mondori excellent Co-
medien attiroit le Monde, faifoit tous fes efforts pour áquerir de la reputation ; & il ar-
riua que Corneille quelque
temps apres luy donna de fes
ouurages. Mais lors qu'vne
troifiefme Troupe vint fe po-
fter au Palais Royal, & qu'elle y eut fait bruit par le merite extraordinaire d'vn homme qui l'a feul entretenue par
fes ouurages, qui executoit
fon rôle d'vne maniere admirable, & qui charmoit egalement la Cour & la Ville
dont il eftoit fort aimé, cela
ne pût produire qu'vn bon
effet, & que caufer vne forte emulation aux deux autres

Troupes, qui mirent tout en vsage pour soûtenir leur ancienne reputation. La justice & la bienseance demandoient que ces trois petits Estats fussent amis, & que chaque particulier n'eust d'autre veüe que l'áuantage commun du Corps où il se trouuoit vni : mais la gloire mal menagée, l'ambition trop forte, & le desir d'áquerir faisoient que ces trois Troupes se regardoient toûjours d'vn œil d'enuie; la prosperité de l'vne donnant du chagrin à l'autre; & même qu'entre les particuliers l'intelligence n'estoit pas des plus estroites.

Ie dois loüer les Comediens en ce qu'ils ont de loüable, mais ie ne dois pas les flater en ce qu'ils ont de defectueux.

32. Fortes jalousies entre les Troupes.

33. Petits stratagemes.

fectueux. Ils tafchent quelquefois de fe nuire l'vn l'autre par de petits ftratagemes; mais ils ne viennent iamais à vn grand éclat. Quand vne Troupe promet vne piece nouuelle, l'autre fe prepare à luy en ópofer vne femblable, fi elle la croit à peu pres d'egale force ; autrement il y auroit de l'imprudence à s'y hazarder. Elle la tient toute prefte pour le jour qu'elle peut decouurir que l'autre doit reprefenter la fienne, & a de fideles efpions, pour fçauoir tout ce qui fe paffe d'ans l'Eftat voifin: Dailleurs chaque Troupe tafche d'attirer les fameux Autheurs à fon parti , & de denuer de ce neceffaire ápuy le party contraire. Les Comediens ont encore quelques

autres

autres maximes de cette nature, que ie blamerois d'a-
uantage, si ces petites ialousies
ne leur estoient communes
auec toutes les Societez. Mais,
comme ie l'ay dit, ces differens interests causent des emulations áuantageuses à ceux
qui frequentent le Theâtre,
& vne Troupe venant à s'af-
feblir par quelque rupture,
l'autre en profite & s'en for-
tifie, & l'Auditeur de costé
ou d'autre y trouue son conte,
& est toûjours satisfait.

Nous auons veu depuis
peu d'années dans la Troupe
Royale deux Illustres Comediens, Montfleury & Floridor, de qui i'ay parlé plus
haut, la gloire du Theâtre,
& les grans modeles de tous
ceux qui s'y veulent deuoüer.

Ie

Ie les ay conneus particulierement l'vn & l'autre, ils ont laif-
fé chacun vne famille tres
fpirituelle & bien eleuée; &
comme ils auoient l'air noble
& toutes les inclinations tres
belles, comme ils estoient polis, genereux & d'agreable entretien, toute la Cour en faifoit grand cas. Floridor estoit
particulierement connu du
Roy, qui le voyoit de bon
œil, & daignoit le fauorifer
en toutes rencontres.

NOMS

Des Acteurs & Actrices,
Qui composent presen-
tement La Troupe Ro-
yale, Par ordre d'an-
cienneté.

34. *LES SIEVRS.*

Acteurs
& Actrices qui
composent presentement la
Troupe Royale.

De Haute roche.
De la Fleur.
Poisson.
De Brecourt.
De Champmeslé.
De la Tuilerie.
De la Toriliere.
Le Baron.
De Beauval.
Les DAMES.
De Beauchâteau.
Poisson.

Poisson.

Dennebaut.

De Brecourt.

De Champ meslé.

De Beauual.

De la Tuilerie.

Retirez de la même Troupe,
& qui touchent pension.

Le Sieur.

De Villiers.

Les Dlles.

De Bellerose.

De Montfleuri.

De Floridor.

CATALOGVE

Des Comediens Autheurs
de la même Troupe, &
de leurs Ouurages.

HAVTEROCHE

L'Amant qui ne flate point.

Le

CHAMPMESLE.

Les Grisetes.
L'Heure du Berger.

. . . .

LA TORILIERE.

Cleopatre, ou la mort de Marc-
Antoine.

DE VILLIERS retiré.

Le Festin de Pierre.
Les trois Visages.
Les Ramonneurs.
L'Apotiquaire deualizé.

DE MONTFLEVRY mort.

Asdrubal.

La pluspart de ces Autheurs
ont fait d'autres ouurages, qui
ont esté bien receüs; comme
Hauteroche plusieurs *Nouuel-*
les

les & Hiſtoriettes ; Brecourt,
Loüange au Roy ſur l'Edit des
Duels, &c.

35.
Nouuelle
Troupe du
Roy.

La Troupe du Roy, établie en
ſon Hoſtel de la rüe Mazarine, dite autrement des foſſez
de Neſle, eſt à preſent ſi bien
aſſortie, ſi forte en nombre
d'Acteurs & d'Actrices dont
le merite eſt connu ; & ſi bien
ápuyée de l'affection des plus
celebres Autheurs, qu'on ne
peut attendre de ſon établiſſement qu'vn magnifique ſuccez. De plus elle eſt en poſſeſſion d'vn tres beau lieu, &
d'vn Theâtre large & profond
pour les plus grandes machines. Cette belle Troupe qui
s'eſt heureuſement raſſemblée
du fameux debris de deux
autres qui auoient regné quelque temps auec reputation,
commença

commença de se montrer au
Public vn Dimanche 9. Iuillet
de l'année derniere 1673. &
la grande assemblée qui se
trouua ce jour là à son Hostel,
& qui s'y est veüe les iours
suiuans ne peut que luy estre
vn bon augure , & luy promettre vne longue felicité.
Pour bien instruire le Lecteur
de son établissement , il faut
de necessité donner icy le ta-
bleau des deux Corps qui y
ont contribué, & sçauoir quelle a esté la face de la Troupe
du Marais, & celle de la Troupe du Palais Royal durant les
années de leur Regne.

La Troupe des Comediés du   36.
Roy établie au Marais en 1620.
s'y est maintenüe plus de cin-
quante ans, & a toûjours esté
pourueüe de bons Acteurs &
d'excel

d'excellentes Actrices, à qui
les plus celebres Autheurs ont
confié la gloire de leurs ouurages, & dont les deux autres Troupes ont sceu profiter en diuers temps. Cette
Troupe n'auoit qu'vn desauantage, qui estoit celuy du
poste qu'elle auoit choisi à
vne extremité de Paris, &
dans vn endroit de rüe fort
incommode. Mais son merite
particulier, la faueur des
Autheurs qui l'ápuyoient, &
ses grandes pieces de machines surmontoient aisement le
degoust que l'eloignement du
lieu pouuoit donner au Bourgeois; sur tout en hyuer, &
auant le bel ordre qu'on a
áporté pour tenir les rües
bien éclairées iusques à mi-
nuit, & nettes par tout & de
boüe

boüe & de filous. Cette Troupe alloit quelquefois paſſer
l'Eſté à Roüen , eſtant bien
aiſe de donner cette ſatisfa-
ction à vne des premieres Villes du Royaume. De retour à
Paris de cette petite courſe
dans le voiſinage , à la premiere affiche le Monde y cou-
roit , & elle ſe voyoit viſitée
comme de coûtume.

Il eſt arriué de temps en
temps de petites reuolutions
dans cette Troupe , comme
dans celle du Palais Royal ; &
toûjours cauſées par quelques
mécontentemens des particuliers, ou par quelques intereſts
nouueaux, chacun en ce Monde allant à ſon but , & ſe met-
tant peu en peine du bien
du prochain. D'ailleurs nous
aimons tous naturellement le
change

changement, & la diuersité
plaist, quoy que nous ne trou-
uions pas en tous lieux mémes auantages. Il y a eu de
bons Comediens qui ont quitté le Marais, où ils estoient
estimez, sans nulle necessité,
& de gayeté de cœur, le poste de Paris leur plaisant moins
alors que la liberté de la campagne. L'homme n'est content
que par fantaisie, & c'est l'estre
assez que s'imaginer de l'estre.
Mais la plus grande reuolu-
tion de la Troupe du Marais a
esté l'abandonnement du lieu,
& sa jonction auec la Troupe du Palais Royal. Auant que
de toucher ce grand changement, il faut donner aussi l'histoire de cette troisiéme Troupe, dont le regne a esté court,
mais qui a esté fort glorieux.

La

La Troupe du Palais-Royal
fut établie ſur la fin de l'année
1659. après que les principa-
les perſonnes qui la compoſoient eurent fait connêtre
leur merite quelques années
auparauant, à Paris ſur les foſſez de Neſle & au quartier de
S. Paul, à Lyon & en Langue-
doc, où cette Troupe entre-
tenüe alors de Monſieur le
Prince de Conty qui aimoit
paſſionnement la Comedie, &
prenoit plaiſir à en fournir des
ſujets, aquit auec ſa faueur
l'eſtime & la bienveuillance
des Eſtats de la Prouince. Moliere, du Parc, de Brie & les
deux freres Bejar auec les
Dlles Bejar, de Brie & du Parc
compoſoient alors la Troupe,
qui paſſoit auec raiſon pour la
premiere & la plus forte de la

38.

Regne
de la
Trou-
pe du
Palais
Royal.

I   campa

campagne. Le merite extraordinaire de Iean Baptiste Moliere qui la soûtenue à Paris
quatorze ans de suite auec tant
de gloire, luy donna vne entiere facilité à s'y établir. Du
Croisy qui auoit paru auec reputation dans les Prouinces
à la teste d'vne Troupe; & la
Grange dont le merite est connu, se joignirent alors à celle
que Moliere conduisoit, & qui
ne put que se bien troûuer de
ce renfort. Elle eut dabord la
faueur du Roy, de Monsieur
son Frere Vnique, & des plus
Grands de la Cour; & apres
auoir occupé quelque temps
la Salle du petit Bourbon, où
elle s'acommoda auec le Italiens, qui en estoient les premiers en possession; Le Theâtre du Palais Royal luy fut
ouuert,

ouuert, & le luy feroit encore, fi Moliere qui le foûtenoit
eut d'auantage vêcu.

Le Palais Royal commen- **39.**
ça donc de faire grand bruit, *Eloge*
& d'attirer le beau monde, *de Mo-*
quand Moliere en fuite de *liere.*
fon *Etourdi*, de fes *Pretieufes
Ridicules*, & de fon *Cocu Imaginaire*, donna fon *Ecole des
Maris*. Il fceut fi bien prendre
le gouft du fiecle & s'acom-
moder de forte à la Cour & à la
Ville, qu'il eut l'áprobation
vniuerfelle de cofté & d'autre, & les merueilleux ouurages qu'il a faits depuis en
profe & en vers ont porté fa
gloire au plus haut degré, &
l'ont fait regretter generalement de tout le monde. La
Pofterité luy fera redeuable
auec nous du fecret qu'il a

trouué de la belle Comedie,
dans laquelle chacun tombe
d'acord qu'il a excellé sur tous
les anciens Comiques, & sur
ceux de nôtre temps. Il a sceu
l'art de plaire, qui est le grand
art, & il a chastié auec tant
d'esprit & le vice & l'ignorance, que bien des gens se sont
corrigez à la representation de
ses ouurages pleins de gayeté;
ce qu'ils n'auroient pas fait
ailleurs à vne exhortation rude & serieuse. Comme habile
Medecin il deguisoit le remede, & en ostoit l'amertume,
& par vne adresse particuliere & inimitable il a porté la
Comedie à vn point de perfection qui l'a renduë à la fois
diuertissante & vtile. C'est aujourd'huy à qui des deux
Troupes s'áquitera le mieux
de

de la repréſentation de ſes excellentes pieces, où l'on vóid
courir preſque autant de monde que ſi elles auoient encore
l'auantage de la nouueauté; &
je ſçais que tous les Comediens generalement qui reue-
rent ſa memoire, comme ayant
eſté & vn tres Illuſtre Autheur,
& vn Acteur exellent, luy
donnent tous les eloges imaginables, & encheriſſent à
l'enui ſur ce que j'en dis. Car
enfin Moliere ne compoſoit
pas ſeulement de beaux ouurages, il s'áquitoit anſſi de
ſon rôle admirablement, il
faiſoit vn compliment de bonne grace, & eſtoir à la fois bon
Poëte, bon Comedien, & bon
Orateur, le vray Triſmegiſte
du Theâtre. Mais outre les
grandes qualitez neceſſaires

au Poëte & à l'Acteur ; il pof-
fedoit celles qui font l'hon-
nefte homme, il eftoit genereux & bon ami, ciuil & ho-
norable en toutes fes actions,
modefté à receuoir les eloges
qu'on luy donnoit ; fçauant
fans le vouloir parêtre, &
d'vne conuerfation fi douce
& fi aifée, que les premiers
de la Cour & de la Ville
eftoient rauis de l'entretenir.
Enfin il auoit tant de zele pour
la fatisfaction du Public, dont
il fe voyoit aimé ; & pour le
bien de la Troupe qui n'étoit
foutenüe que par fes trauaux,
qu'il tafcha toute fa vie de leur
en donner des marques indu-
bitables. Il mourut au com-
mencement du Carefme de
l'année derniere 1673. infiniment regretté de la Cour &
de

de la Ville ; & la Troupe s'étant remise auec peine de l'étourdissement qu'elle receut d'vn si rude coup, remonta quinze jours apres sur le Theâtre.

Ie viens à la rupture des deux Troupes du Palais Royal & du Marais, qui aujourd'huy n'en font qu'vne, & à l'histoire de leur jonction, dont les circonstances sont assez particulieres. Le Palais Royal s'attendoit apres Pasques de redonner au Public la representation du *Malade Imaginaire*, dernier ouurage de Moliere acompagné de danses & de musique, & que tout Paris souhaittoit de voir. Mais quatre personnes de cette Troupe s'estant engagées auec l'Hostel de Bourgogne, & se

50.

Ionctió desdeux Troupes du Palais Royal & du Marais.

I 4   trou

trouuant en possession des premiers rôles de beaucoup de
pieces, ceux qui restoient furent hors d'estat de continuer.
Il se fit de part & d'autre des
voyages à la Cour, chacun y
eut ses Patrons auprès du Roy;
le Marais se remuoit de son
costé & comme Estat voisin
songeoit à profiter de cette
rupture, le bruit courant alors,
que les deux anciennes Troupes trauailloient à abatre en-
tiérement la troisiéme, qui
vouloit se releuer.

41.
Decla-
ration
du Roy
sur cet
etablis-
sement

Sur ces entrefaittes le Roy
ordonna que les Comediens
n'occuperoient plus la Sale du
Palais Royal, & qu'il n'y auroit plus que deux Troupes
Françoises dans Paris. Les premiers Gentils-hommes de la
Chambre eurent ordre de
menager

menager les choses dans l'e-
quité , & de faire en sorte
qu'vne partie de la Troupe
du Palais Royal s'estant vnie
de son chef à l'Hostel de Bourgogne , l'autre fust jointe au
Marais de l'áueu du Roy. L'affaire fut quelque temps en ba-
lance , les interests des Comediens estant difficiles à demesler par des particuliers qui
ne peuuent entrer dans ce
detail , & n'ayant pû être ter-
minée auant le depart du Roy,
sa Majesté ordonna à Mon-
sieur Colbert d'auoir également soin de la Troupe du
Marais , & du debris de celle
du Palais Royal , en faisant
choix , comme il le jugeroit
à propos, des plus habiles de
l'vne & de l'autre , pour en
former vne belle Troupe. Ce

Grand Ministre d'Estat chargé du poids des premiere affaires du Royaume, se deroba quelques momens pour regler celles des Comediens, il nomma les personnes qui deuoient composer la nouuelle Troupe, ordonna des parts des demy-parts, des quarts & trois quarts de part, fit defence de la part du Roy aux Comediens du Marais en general de parêtre jamais sur ce Theâtre, & en tira des particuliers selon qu'il le trouua bon, pour les vnir à ceux du Palais Royal. La Declaration du Roy pour cet etablissement sera couchée à la fin du Liure.

Voila en peu de mots comme les choses se sont passées entre ces deux Troupes, qui aujour

aujourd'huy n'en font qu'vne
foûs le nom *de la Troupe de
Roy*, ce qui se void graué en
lettres d'or dans vne pierre
de marbre noir au dessus de
la porte de son Hostel. Cette
Troupe est asseurement belle,
forte & acomplie, on void
toûjours chez elle force gens
de qualité & de grandes as-
semblées, & elle se dispose de
donner au Roy des marques de
sa reconnoissance, & de luy
faire gouster les fruits de ses
soins dans ses plaisirs qu'elle
luy prepare.

NOMS

Des Acteurs & Actrices
De la Troupe du Roy,
selon l'ordre obſervé
pour les Autheurs.

ACTEVRS.

42. LES SIEVRS

Eſtat preſent de la Troupe du Roy.

de Brie.
du Croiſy.
Dauuilliers.
Deſtriché.
de la Grange.
Hubert.
du Pin.
de la Roque.
de Roſmont.

ACTRICES.

ACTRICES.

Aubry.
de Brie.
du Croify.
Daunilliers.
de la Grange.
Guyot.
de Moliere.
l'Oyfillon.
du Pin.

Retiré du Palais Royal, & qui
touche penfion,

Bejar.

COMEDIEN AVTHEVR

De la Troupe du Roy.

ROSIMONT.

Le Feftin de Pierre.
La Dupe amoureufe.
L'Auocat fans étude.
Les Trompeurs trompez, ou

les

les Femmes vertueuses.
Le Valet Etourdi.
   Retirées de la Troupe du
Marais.
Les Dlles.
De Beaupré.
Des Vrlis.
De la Valée.

COMEDIENS AVTHEVRS morts.

CHEVALIER.

Le Pedagogue.
Les Barbons amoureux, & autres petites Comedies.

DORIMONT.

Le Festin de Pierre.
Plusieurs autres petites Comedies.
   Ie dois ájoûter icy les noms
des Acteurs & Actrices les
plus

plus Illustres qui ont paru de
nôtre temps sur les Theâtres
de Paris, & qui ne sont plus.

ACTEVRS.

Baron.
Beauchâteau.
Beaulieu.
Belle more.
Bellerose.
Belleville.
D'orgemont.
L'Epy.
Flechelle, ou Gautier Gar-
  guille.
La Fleur, ou Gros Guillaume.
Gaucher.
S. Iaques, ou S. Ardoüin, au-
  trement Guillot Gorgeu.
Iulien ou Iodelet.
Medor.
Moliere.
Mondory.

Montfleury.

de   Montfleury.
le   Noir.
du   Parc, ou Gros René.

ACTRICES.

    Baron.
    Bejar.
la   Cadete.
du   Clos.
le   Noir.
des   Oeillets.
du   Parc.
de la Roche.
    Valiote.
de   Villiers.

Il y a, tant d'hommes que de femmes qui ont paru de nôtre âge sur les Theâtres de Paris, jusques à quatre vingt-douze, n'avant fait mention que des Illustres. Mais laissons là les morts, & revenons aux Vivans.

Ces.

Ces deux belles Troupes de Comediens qui résident à Paris, & dont le Gouvernement, comme ie l'ay dit d'abord, tient de l'Aristocratie; ces deux petits Estats si bien policez mais si jaloux de leur gloire, l'vn qui regne au Septentrion de ce grand Monde, & l'autre au Midy, separez par le canal de la Seine, & ápuyez chacun de leurs partizans, me representent ces deux Republiques de la Grece, l'vne Maîtresse du Peloponnese, & l'autre de l'Achaïe, qui auoient pour commune barriere vn Isthme fameux, gouuernées par des loix si belles, mais poussées l'vne contre l'autre d'vne extrême jalousie, & chacune taschant à l'enuy de se faire des amis. Les

Come

Comediens qui repreſentent à
toute heure des Roys, & des
Princes, & méme qui hors du
Theâtre ſont ſouuent auec
les Princes & bien venus à la
Cour, ne meritent pas pour
la gloire de leur Corps vne
comparaiſon moins noble que
celle là, & les deux Eſtats
qu'ils compoſent aujourd'huy
peuuent dans le ſens que je
l'ay pris entrer fort bien en
paralelle auec les Villes de
Sparte & d'Athenes. Mais j'y
trouue d'ailleurs vne grande
difference; l'emulation de ces
deux fameuſes Republiques
fut ruineuſe à la Grece, &
celle de nos deux petits Eſtats
eſt, comme ie l'ay remarqué,
áuantageuſe à Paris; c'eſt à qui
donnera plus de plaiſir au
Public, & qui ſoûtiendra le
mieux

mieux la reputation qu'il s'est
aquise.

Si ie ne m'estois prescrit des
bornes qui ne me permettent
pas de sortir de l'Histoire des
Comediens François, i'aurois
pû aussi parler de l'établissement *de la Troupe Italienne* Et
*de l'Academie Royale de Musi-
que*, dite autrement *l'Opera*,
qui auec nos Theâtres François rendent Paris le premier
lieu de la Terre pour les honnestes & magnifiques diuertissemens. Car enfin au com-
mencement de l'année der-
niere 1673. auant la jonction
des Troupes du Palais Royal
& du Marais, & le depart des
Comediens Italiens pour l'Angleterre, d'où ils reuiendront
dans peu, Paris donnoit regulierement toutes les semai-
nes

nes seize Spectacles publics,
dont *les trois Troupes de Come-*
diens François en fournissoient
neuf, *l'Italienne* quatre & *l'O-*
pera trois, ce nombre s'aug-
mentant quand il tomboit
quelque feste dans la semaine
hors du rang des solennelles.
Les quinze jours auant Pasques, & huit ou dix autres
rabatus, ce nombre montoit
au bout de l'année à plus de
huit cens Spectacles, & cette
quantité peu diminuée, de
grands & magnifiques diuertissemens dans l'enceinte d'v-
ne Ville surprend merueilleu-
sement les Etrangers, qui
croyent voir vn lieu enchan-
té, & ne peut que leur estre
vne forte preuue de la felicité
de la France, qui est toûjours
dans la joye, parce que son

ROY

Roy est toûjours Victorieux.
Mais vn seul des Spectacles
que le Roy donne à la Cour,
& dont il permet aussi la veüe
à ses peuples, soit dans la pom-
pe Royale qui les ácompagne,
soit dans la richesse du lieu où
ils sont representez, efface la
beauté de tous les Spectacles
de la ville ensemble, & des
Spectacles des anciens Romains, & fait voir à ces mémes Etrangers ce qu'vn Roy
de France peut faire dans son
Royaume, apres auoir veu
auec plus d'étonnement ce
qu'il peut faire au dehors. +
   Nous vismes aussi arriuer
à Paris vne Troupe de Co-
mediens Espagnols la premiere année du Mariage du Roy.
La Troupe Royale luy presta
son Theâtre, comme elle auoit
fait

fait auant eux Italiens, qui
occuperent depuis le petit
Bourbon auec Moliere, & le
fuiuirent apres au Palais Royal.
Les Efpagnols ont efté entretenus depuis par la Reyne iufques au Printemps dernier,
& j'áprens qu'ils ont repaffé
les Pyrenées.

55.
Trou-
pes de
Cam-
pagne.
l'ay compris dans le fujet
que ie traite les Comediens
des Prouinces, & autant que
ie l'ay pû découurir, ils peuuent faire douze ou quinze
Troupes, le nombre n'en eftant
pas limité. Ils fuiuent à peu
pres les mémes reglemens que
ceux de Paris, & autant que
leur condition d'ambulans le
peut permettre. C'eft dans ces
Troupes que fe fait l'áprentif-
fage de la Comedie, c'eft d'où
l'on tire au befoin des Acteurs
&

& des Actrices qu'on juge les
plus capables pour remplir les
Theâtres de Paris ; & elles y
viennent souuent passer le
Caresme , pendant lequel on
ne va guere à la Comedie dans
les Prouinces ; tant , pour y
prendre de bonnes leçons aupres des Maîtres de l'art , que
pour de nouueaux Traitez
& des changemens à quoy
elles sont sujetes. Il s'en trouue de febles & pour le nombre de personnes , & pour la
capacité : mais il s'en trouue
aussi de raisonnables , & qui
estant goûtées dans les grandes Villes , n'en sortent qu'a-
uec beaucoup de profit.

Ie ne conte pas entre les
Troupes de Campagne les
trois qui sont entretenus par
des Princes Etrangers, par le
Duc

56.
Come-
diens
entre-
tenues
par le

Duc de
Sauoye.

Duc de Sauoye, par l'Electeur
de Bauiere, & par les Ducs
de Brunſvvic & Lunebourg.
Le Duc de Sauoye en a vne
fort belle, & qui a eſté fort
ſuiuie dans nos Prouinces. La
Cour de ce Grand Prince
eſtant tres-polie, & pleine de
gens d'eſprit, la Comedie y
eſt bien gouſtée; & les Comediens, s'ils n'eſtoient habiles,
n'y plairoient pas. Comme ce
n'eſt pas icy le lieu de faire
l'eloge des Princes & des Prin-
ceſſes qu'en ce qui regarde
leur bon gouſt pour la Comedie, & pour ceux qui l'executent, je diray ſeulement que
Son Alteſſe Royale a le gouſt
fin pour toutes les belles productions, qu'elle en ſçait admirablement juger, qu'elle a
l'eſprit vif & fort ouuert, &
l'entre

l'entretien tres fertile & agreable. Elle caresse les personnes qui ont du sçauoir & de la politesse, elle leur parle & les ecoute d'vn air obligeant, & comme entre les Etrangers elle aime particulierement les François, elle prend plaisir de s'entretenir souuent auec vn des plus beaux Genies de France, qu'elle tient depuis long-temps à son seruice, & qui outre vn grand fonds de Theologie & d'Histoire possede toutes les beautez & toute la delicatesse de nôtre Langue en prose & en vers. Ceux qui connoissent Monsieur Pasturel luy rendent ce juste eloge, & nôtre Theâtre François, ou, pour mieux dire, le Parnasse entier, luy est aussi redeuable des beaux ouurages

K   qu'il

qu'il a faits pour le Prince qu'il
a l'honneur de feruir. La Comedie Françoife a donc toûjours efté tres eftimée à Turin,
& l'on n'y goufte aufli que des
gens qui la fçauent bien executer ; ce qui doit perfüader
que la Troupe qui tire penfion
de fon Alteffe Royale eft fort
ácomplie, & pourueüe de perfonnes tres intelligentes dans
leur Profeffion. Elle fe fixe tous
les hyuers à Turin , & le Duc
luy permet de s'ecarter l'Efté
& de repaffer les Alpes , n'y
ayant pas de plaifir à fe ren-
fermer en Piémont dans vne
Sale de Comedie pendant les
grande chaleurs.

ACTEVRS

ACTEVRS

De la Troupe de S. A. R.
Le Duc de Saüoye, se-
lon l'ordre cy-deuant
obserué.

LES SIEVRS.

de Beauchamp.
de Château-vert.
Guerin.
Prouost.
de Rochemore.
de Rosange.
de Valois.

ACTRICES.

Les Dlles.
de Lan.
Mignot.

K 2   de

de Rosange.
de Valois.

47.
Trou-
pe Fran-
çoise de
l'Ele-
cteur de
Bauie-
re.

La Troupe Françoise qu'entretient son Altesse Electorale de Bauiere n'est pas forte en nombre de personnes, mais elle est bien concertée, & l'ayant veüe à Munich en deux voyages que j'y ay faits, ie reconnus que la Cour en estoit fort satisfaite. Chacū sçait qu'elle est des plus magnifiques de l'Europe, qu'il y a des esprits fort éclairez, & qu'outre plusieurs Seigneurs Alemans qui entendent parfaitement nôtre langue, il y en a de Lorrains & de Sauoyards qui en connoissent toutes les beautez. Madame l'Electrice les passe tous de bien loin, & ce n'est pas icy le lieu de poursuiure son Eloge.

ACTEVRS

✠✠✠✠✠✠✠✠✠✠✠✠

ACTEVRS ET ACTRICES

De la Trouppe de l'Electeur
de Bauiere , selon le
même ordre.

ACTEVRS.

LES SIEVRS.

de   Lan.
   Milo.

ACTRICES.

Les Dlles.

de   Lan.
   Milo.

Les Ducs de Brunsvic &   48.
Lunebourg de la branche de   Trou-
pe des
K 3   Cell.

Celle entretiennent aussi vne
Troupe, que le grand nom-
bre & le merite des personnes qui la composent, rendent tres accomplie, & en
estat de pouuoir parestre auec
gloire en quelque lieu que
ce fust. Elle execute parfaitement bien toutes les pieces
les plus difficiles, soit dans
le Serieux, soit dans le Comique, & elle a aussi à faire
à des esprits éclairez & delicats, dont les Maisons de
ces Princes sont remplies,

ACTEVRS ET ACTRICES

De la Troupe des Ducs de Brunfvuic & Lunebourg.

ACTEVRS.

LES SIEVRS.

Benard.
de Boncourt.
de Brumeual.
le Coq.
de Lauoys.
de Nanteuil.

ACTRICES.

Les Dlles.

Benard.
de Boncourt.
le Coq.

K 4 de

de Lanoys.
de la Meterie

Voila quel est l'estat present
du Theâtre François, & des
Troupes de Comediens, tant
à Paris, que dans les Prouinces, & hors du Royaume.

Il me reste a parler des Officiers des Theâtres de Paris,
& chacun des deux Hostels
en est pourueu d'vn beau
nombre, dont les gages mon-
tent à plus de cinq mille escus payez tres exactement.
Mais les Comediens de Campagne qui ne marchent pas
auec grand train, & qui n'ont
à ouurir ny Loges, ny Am-
phitcâtre, reduisent toutes
les charges à trois, & ysant
d'épargne se contentent de
deux ou trois Violons, d'vn
Decorateur & d'vn Portier.

Pour

Pour ce qui eſt de l'Orateur, ie le tire du rang des
Officiers, & comme il repre-
ſente l'Eſtat en portant la pa-
role pour tout le Corps, il ſeroit peut être de l'honneur de
la Troupe qu'il en fuſt nom-
mé le Chef, puiſque ie luy
ay donné la face d'vne Republique, & que ie croirois luy
faire tort de l'apeller Anar-
chie. Mais comme cet Orateur
ne doit le plus ſouuent l'honneur de ſa fonction qu'au pur
hazard, ſans que preciſément
le merite y contribue, & que
d'ailleurs il n'a pas dans la
Troupe plus de pouuoir ny
d'auantage qu'vn autre, ainſi
que les Comediens de Paris
me l'ont aſſuré, ie ne le nom-
meray ſimplement que l'Orateur, & ie diray en peu de

49.
Fon-
ctions
de l'O-
rateur.

mots quelles sont ses fonctions.
L'Orateur a deux principa-
les fonctions. C'est à luy de
faire la harangue & de composer l'Affiche, & comme il y
a beaucoup de raport de l'vne
à l'autre, il suit presque la méme regle pour toutes les deux.
Le discours qu'il vient faire à
l'issue de la Comedie a pour
but de captiuer la bienveillan-
ce de l'Assemblée. Il luy rend
graces de son attention fauorable, il luy annonce la piece
qui doit suiure celle qu'on
vient de representer, & l'in-
uite à la venir voir par quelques eloges qu'il luy donne;
& ce sont là les trois parties,
sur lesquelles roule son compliment. Le plus souuent il le
fait court, & ne le medite
point; & quelquefois aussi il
l'étudie,

l'étudie, quand ou le Roy,
ou Monsieur, ou quelque
Prince du sang se trouue present ; ce qui arriue dans les
pieces de spectacle, les machines ne se pouuant transf-
porter. Il en vse de méme
quand il faut annoncer vne
piece nouuelle qu'il est besoin
de vanter, dans l'adieu qu'il
fait au-nom de la Troupe le
Vendredy qui precede le premier Dimanche de la Passion,
& à l'ouuerture de Theâtre
apres les festes de Pasques,
pour faire reprendre au Peuple le goust de la Comedie.
Dans l'annonce ordinaire l'O-
rateur promet aussi de loin
des pieces nouuelles de diuers
Auteurs pour tenir le monde
en haleine, & faire valoir le
merite de la Troupe, pour
K 6　　　laquelle

laquelle on s'empresse de trauailler. L'affiche luit l'annonce, & est de même nature.
Elle entretient le Lecteur de
la nombreuse Assemblée du
iour precedent, du merite de
la piece qui doit suiure, & de
la necessité de pouruoir aux
Loges de bonne heure, sur
tout lors que la piece est nouuelle, & que le grand monde y court. Cy-deuant, quand
l'Orateur venoit annoncer,
toute l'assemblée prestoit vn
tres-grand silence, & son compliment court & bien-tourné
estoit quelquefois écouté auec
autant de plaisir qu'en auoit
donné la Comedie. Il pro-
duisoit chaque iour quelque
trait nouueau qui reueilloit
l'Auditeur, & marquoit la fecondité de son esprit, & soit

dans

dans l'Annonce, foit dans l'Affiche il fe montroit modefte
dans les eloges que la coûtume veut que l'on donne à
l'Autheur & à fon ouurage,
& à la Troupe qui le doit reprefenter. Quand ces eloges
excedent, on s'imagine que
l'Orateur en veut faire ac-
croire, & l'on eft moins per-
fuadé de ce qu'il tafche d'in-
finuer dans les efprits. Mais
comme les modes changent,
toutes ces regularitez ne font
plus guere en vfage ; ny dans
l'annonce ny dans l'affiche, il
ne fe fait plus de longs difcours, & l'on fe contente de
nommer fimplement à l'Af-
femblée la piece qui fe doit
reprefenter.

De plus il feroit, ce fem-
ble, de la fonction de l'Orateur

de

de conuoquer la Troupe, &
de la faire assembler ou au
Theâtre, ou ailleurs, soit pour
la lecture des pieces qu'on luy
aporte, soit pour les repetitions, & en general dans toutes les rencontres qui regardent l'interest commun. Ce
seroit à luy d'en faire l'ouuerture, & de proposer les choses; & quoy qu'il n'ayt que sa
voix, elle pourroit estre suiuie, & l'on pourroit auoir de
la deference pour ses auis,
quand on est persuadé qu'il
& intelligent & versé dans
les affaires, & qu'il a du credit
aupres des Grands. Quand
cela se rencontre, la Troupe
se repose sur ses soins, elle luy
confie ses interests, & il trouue de son costé de la gloire à la
seruir, ce qui luy tient lieu de
recompense.　　　　Ie

Ie donnerois icy la suite des Orateurs qui ont paru iusques à cette heure sur les Theâtres de Paris, & parlerois du merite de chacun, si ie ne craignois de blesser la modestie de ceux qui viuent ; sans d'autres raisons qui m'imposent silence sur article, que ie reserue à vne autre ocasion.

OFFICIERS

Du Theâtre.

LEs Officiers dont j'ay à parler doiuent se distinguer en deux classes. Il y a de hauts Officiers qui sont ordinairement du Corps de la Troupe, qui ne tirent point de gages, & qui se contentent de l'honneur de leurs charges

50.
Distinction des Officiers du Theâtre.

&

& de l'estime qu'on fait de leur probité. Ce sont *le Treso-rier*, *le Secretaire* & *le Contrô-leur*. Il y a aussi de bas Officiers tirans gages de la Troupe, qui sont *le Concierge*, *le Copiste*, *les Violons*, *le Receveur au Bureau*, *les Contrôleurs des portes*, *les Portiers*, *les Decorateurs*, *les Assistans*, *les Ouvreurs de Loges*, *de Theâtre* & *d'Amphitheâtre*; *le Chandelier*, *l'Imprimeur* & *l'Afficheur*. A quoy l'on pour-roit ajoûter les Distributrices de limonades & autres li-queurs qui ne tirent point de gages, mais qui payent plû-tost vn gros tribut à l'Estat, à moins que par vne faueur sin-guliere on ne les en veuille decharger. Prenons chacun de ces Officiers à part, & voyons quelles sont leurs fonctions.

HAVTS

HAVTS OFFICIERS,

Qui ne tirent point de gages.

LE Tresorier assiste ordinairement aux comptes auec le Secretaire & le Contrôleur, garde les deniers de la Communauté, & les distribue selon qu'il est necessaire. Ces deniers sont toûjours les premiers leuez sur la recette de la Chambrée apres les frais journaliers, & quelquefois ces frais là payez, la Chambrée entiere est remise au Tresorier, sans qu'il se partage rien entre les particuliers. Car enfin ce petit Estat a comme d'autres ses necessitez: le Public n'est pas riche, mais il se trouue de riches particuliers,

qui

51.
Hauts
Offi-
ciers
qui ne
tirent
point
de ga-
ges.

qui au befoin luy font des
auances, & qui en font fidele-
ment rembourfez. C'eft pour
de pareils rembourfemens
pour le payement des Au-
theurs, pour de nonuelles
machines, pour des loüages,
pour des reparations, & d'autres chofes de cette nature
qu'on met des deniers à part,
& le Treforier qui en eft de-
pofitaire tire des billets de
toutes les fommes qu'il de-
liure pour en rendre conte
tous les mois felon l'ordre établi dans cette Communauté.

Le Secretaire tient Regiftre,
& couche deffus la recette du
iour & la diftribution des frais.
Il reçoit le compte de celuy
qui donne les billets au Bureau, & qui áporte l'argent à
l'iffue de la Comedie. Il a foin
aufli

aussi d'écrire les noms des personnes qui entrent dans la
Troupe, & de marquer à quelles conditions ils y sont receus.
Ces deux charges de Tresorier & de Secretaire sont souuent exercées par vne méme
personne, qui peut seule en
faire les fonctions.

Le Contrôleur est present
aux comptes, & écrit de sa
main sur le Registre ce qui
se tire d'argent pour le cofre
de la Communauté, qui de-
meure entre les mains du Secretaire ou du Tresorier. Dans
la Troupe du Marais les deux
clefs qui ouuroient deux dif-
ferentes serrures estoient gar-
dées par des particuliers de la
Compagnie pour euiter tout
abus : mais cela ne se pratique
aujourd'huy dans aucune des

deux

deux Troupes, & il y a tant
de bonne foy entre les Comédiens, qu'il ne se trouue jamais entr'eux vn sou de mé-
conte.

BAS OFFICIERS,

Qui tirent des gages.

52.
Bas Of-
ficiers
ápellez
Gagi-
stes, &
leurs
fon-
ctions.

LEs Bas Officiers portent
entre les Comediens le
nom de *Gagistes*, parce qu'ils
tirent des gages, qui leur sont
ponctuellement payez, & il
n'y a point de Communauté
au monde plus reguliere que
la leur en cet article. Les premiers deniers sont toûjours
pour eux, & ils sont seruis
auant les maîtres; ce qui les
oblige de bien faire leur deuoir. Il n'est pas necessaire
d'aller

d'aller jusqu'au detail de leurs
gages.

Le Concierge a soin d'ouurir
l'Hostel & de le fermer, de
le tenir propre & en bon ordre, & apres la Comedie de
visiter exactement par tout, de
peur d'accident du feu.

Le Copiste est commis aux
Archiues pour la garde des
Originaux des pieces, pour
en copier les rôles, & les distribuer aux Acteurs. Il est de
sa charge de tenir la piece à
vne des aîles du Theâtre, tandis qu'on la represente, & d'a-
uoir toûjours les yeux dessus
pour releuer l'Acteur s'il tombe en quelque defaut de memoire; ce qui dans le stile des
Colleges s'apelle *Souffler*. Il
faut pour cela qu'il soit pru-
dent, & sçache bien discerner

quand

quand l'Acteur s'arrête à propos, & fait vne pofe neceffaire, pour ne luy rien fuggerer
alors, ce qui le troubleroit au
lieu de le foulager. I'en ay veu
en de pareilles rencontres crier
au Soufleur trop pront, de fe
taire, foit pour n'auoir pas befoin de fon fecours, foit pour
faire voir qu'ils font feurs de
leur memoire, quoy qu'elle
puft leur manquer. Auffi faut
il que celuy qui fuggere s'y
prenne d'vne voix, qui ne
foit, s'il eft poffible, entendüe
que du Theâtre, & qui ne fe
puiffe porter jufqu'au parterre, pour ne donner par fujet
de rire à de certains Auditeurs
qui rient de tout, & font des
éclats à quelques endroits de
Comedie, ou d'autres ne trou-
ueroient pas matiere d'entr'ouurir

urir les Liures. Aussi ay-je
connu des Acteurs qui ne s'at-
tendent iamais à aucun se-
cours, qui se fient entierement à leur memoire, & qui
à tout hazard aiment mieux
sauter vn vers, ou en faire
vn sur le champ. Il y a entre
eux des memoires tres heu-
reuses, & il se trouue des
Acteurs qui sçauent par cœur
la piece entiere, pour ne l'a-
uoir oüie que dans la lecture
& dans les repetitions. Si quelqu'vn de ceux qui sont auec
luy sur le Theâtre vient a s'é-
garer, ils le remettent dans
le chemin, mais adroitement
& sans qu'on s'en apercoiue.
l'ay remarqué que les femmes
ont la memoire plus ferme que
les hommes : mais ie les crois
trop modestes pour vouloir

soufrir

foufrir que j'en dife autant de leur jugement.

Les Violons font ordinairement au nombre de fix, & on les choifit des plus capables. Cy-deuant on les plaçoit, ou derriere le Theâtre, ou fur les aifles, ou dans vn retranchement entre le Theâtre & le Parterre, comme en vne forme de Parquet. Depuis peu on les met dans vne des Loges du fond, d'où ils font plus de bruit que de tout autre lieu où on les pourroit placer. Il eft bon qu'ils fçachent par cœur les deux derniers vers de l'Acte, pour reprendre promtement la Symphonie, fans attendre que l'on leur crie, *Loüez* ; ce qui arriue fouuent.

Le Receueur au Bureau diftribüe à ceux qui viennent à la Comedie

Comedie les billets dont il est chargé, & qu'il a receûs par conte. Il est responsable de tout l'argent qui se trouue faux ou leger, & ne doit pas estre ignorant en cette matiere. Il ne quite le Bureau que lors que la Comedie est acheuée, & il n'y en a qu'vn pour toute la recette du Theâtre, de l'Amphiteâtre, des Loges & du Parterre. L'argent est porté d'abord au Tresorier, & s'il se trouue quelque espece où il y ayt du defaut, le Receueur, comme j'ay dit, la doit faire bonne, & on la luy rend.

Les Contrôleurs des portes, qui sont, l'vn à l'entrée du Parterre, & l'autre à celle des Loges sont commis à la distribution des billets de contrôle, pour placer les gens qui se

L presen

preſentent aux lieux où ils
doiuent aller, ſelon la qualité
des billets qu'ils áportent du
Bureau, où ils les ont eſté
prendre. Ils ont ſoin auſſi que
les Portiers facent leur deuoir,
qu'ils ne reçoiuent de l'argent
de qui que ce ſoit, & qu'ils
traitent ciuilement tout le
monde.

Les Portiers en pareil nombre que les Contrôleurs, &
aux mémes poſtes ſont commis
pour empeſcher les deſordres
qui pourroient ſuruenir, &
pour cette fonction, auant les
defences étroites du Roy d'entrer ſans payer, on faiſoit choix
d'vn braue, mais qui d'ailleurs
ſceuſt diſcerner les honneſtes
gens d'auec ceux qui n'en portent pas la mine. Ils arreſtent
ceux qui voudroient paſſer

outre

outre fans billet, & les áuer-
tiffent d'en aller prendre au
Bureau ; ce qu'ils font auec
ciuilité, ayant ordre d'en vfer
enuers tout le monde, pourueu qu'on n'en vienne à aucune violence. L'Hoftel de
Bourgogne ne-s'en fert plus,
à la referue de la porte du
Theâtre, & en vertu de la Declaration du Roŷ elle prend
des foldats du Regiment de
fes Gardes autant qu'il eft neceffaire ; ce que l'autre Troupe qui a des portiers peut faire
auffi au befoin. C'eft ainfi que
tous les defordres ont efté bannis, & que le Bourgeois peut
venir auec plus de plaifir a la
Comedie.

Les Decorateurs doiuent eftre
gens d'efprit, & auoir de l'a-
dreffe pour les enjoliuemens
L 2 du

du Theâtre. Ils sont ordinairement deux, & toûjours en-
semble pour les choses necessaires , & lors qu'il s'agit de
trauailler à de nouuelles decorations ; mais pour l'ordinaire il n'y en a qu'vn les jours
que l'on represente, & ils ont
le seruice alternatif. Tout ce
qui regarde l'embellissemét du
Theâtre depend de leur fonction; & il est necessaire qu'ils
entendent les machines pour
les faire joüer dans les pieces
qui en sont acompagnées ,
quand le machiniste les a mises
en estat. Il est de leur fonction
de faire retirer d'entre les aîles
du Theâtre de certaines petites gens qui s'y viennent four-
rer , & qui outre l'embarras
qu'elles causent aux Comediés
dans les entrées & les sorties,
donnent

donnent vne mechante figure
au Theâtre, & blessent la vûe
des Auditeurs ; ce qui ne se
void guere que dans les Troupes de Campagne , qui ne
peuuent pas faire toutes choses regulierement. C'est aussi
aux Decorateurs de pouruoir
de *deux Moucheurs* pour les
lumieres , s'ils ne veulent pas
eux mémes s'employer à cet
office. Soit eux , soit d'autres,
ils doiuent s'en áquiter prompte-
ment, pour ne pas faire , lan-
guir l'Auditeur entre les Actes;
& auec propreté , pour ne luy
pas donner de mauuaise odeur.
L'vn mouche le deuant du
Theâtre , & l'autre le fond, &
sur tout ils ont l'œil que le feu
ne prenne aux toiles. Pour
preuenir cet accident , on a
soin de tenir toûjours des

L 3

muids

muids pleins d'eau, & nombre de seaux, comme l'on en void dans les places publiques des Villes bien policées, sans attendre le mal pour courir à la riuiere ou aux puits. Les restes des lumieres font partie des petits profits des Decorateurs.

Les Assistans font ordinairement quelques Domestiques des Comediens, à qui l'on donne ce que l'on juge à propos le iour qu'ils font employez. Dans les pieces de machines il y en a vn grand nombre; & ce font des frais extraordinaires qu'on ne sçauroit limiter.

Les Ouureurs de Loges, de Theâtre & d'Amphiteâtre au nombre de quatre ou cinq doiuent estre pronts à seruir le monde, & donner aux gens
de.

de qualité les meilleures places
qu'il leur est possible, comme
ils en reçoiuent aussi quelques
douceurs, ce qui ne leur est
pas defendu.

Le Chandelier doit fournir
de bonnes lumieres, du poids
& de la longueur & grosseur
qu'elles sont commandées. Il
faut que la blancheur suiue, &
que la matiere qu'il y employe
n'ayt aucun defaut. Ie ne parle point des lumieres extraordinaires, parce qu'on n'en peut
fixer la quantité, non plus
que le temps où on les-doit
employer. Quand le Roy vient
voir les Comediens, ce sont
ses Officiers qui fournissent
les bougies.

L'Imprimeur doit rendre le
lendemain du iour qu'on a
annoncé, & de grand matin,

le nombre ordinaire d'Affiches
bien imprimées fur de bon
papier, l'original luy en ayant
efté enuoyé dés le foir par celuy qui annonce, & qui a
accoûtumé de les dreffer.

L'*Afficheur* doit eftre pon-
ctuel à afficher de bonne
heure à tous les carrefours &
lieux neceffaires qui luy font
marquez. Les affiches font
rouges pour l'Hoftel de Bourgogne, vertes pour l'Hoftel
de la rüe Mazarine, & jau-
nes pour l'Opera. Il y a auffi
vn homme établi pour te-
nir nette la place deuant la
porte de chaque Hoftel, il
en va à peu pres de la méme
forte dans tous les deux pour
tous ces articles, & la difference n'y eft pas grande. ◆

Les gages des Officiers,
comme

comme ie l'ay remarqué, leur
font payez exactement tous
les foirs à l'iſſue de la Comedie, & preferablement à toutes les autres neceſſitez de
l'Eſtat ; & en contant le loüage
de l'Hoſtel auec pluſieurs me-
nus frais , la depence ordinaire de chaque Troupe tous
les ans paſſe quinze mille
liures.

53.
A quoy
monte
tous les
ans la
depen-
ce ordi-
naire de
chaque
Hoſtel.

Pour ce qui eſt des frais
dans les pieces de machines
qui ne ſe peuuent joüer qu'à
l'Hoſtel de la Troupe du Roy
rüe Mazarine , parce que le
Theâtre eſt large & profond,
il n'y a rien de reglé : mais on ſe
peut aiſement imaginer qu'ils
ſont grands , & c'eſt ce qui
oblige les Comediens de prendre le double, parce qu'il y a
pour eux le double de depen-

54.
Grans
frais
dans les
pieces
de ma-
chines.

ce, & le double de plaisir pour l'Auditeur.

Il me reste à dire vn mot de la Distributrice des liqueurs & des confitures, qui occupe deux places, l'vne pres des Loges, & l'autre au Parterre, où elle se tient, donnant la premiere à gouuerner par commission. Ces places sont ornées de petits lustres, de quantité de beaux vases & de verres de crystal. On y tiēt l'Esté toutes sortes de liqueurs qui rafraîchissent, des limomades, de l'aigre de cedre, des eaux de framboise, de groseille & de cerise, plusieurs confitures seches, des citrons, des oran-ges de la Chine; & l'hyuer on y trouue des liqueurs qui re-chaufent l'estomac, du Rosso-lis de toutes les sortes, des

vins

vins d'Espagne, de la Scioutad, de Riuefalte & de S. Laurens. I'ay veu le temps que l'on ne tenoit dans les mémes lieux que de la biere & de la simple ptifane, fans diftinction de Romaine ny de citronnée : mais tout va en ce monde de bien en mieux, & de quelque cofté que lon fe tourne , Paris ne fut iamais fi beau , ny fi pompeux qu'il l'eft aujourd'huy. Ces Diftributrices doiuent eftre propres & ciuiles , & font neceffaires à la Comedie, où chacun n'eft pas d'humeur à demeurer trois heures fans fe rejouir le gouft par quelque douce liqueur : mais elles ne peuuent entrer dans le rang des Officiers, parce qu'elles ne tirent point de gages des Comediens , & qu'au con-

traire

traire elles leur rendent tous
les ans de leurs places dans
chaque Hostel iusqu'à huit
cens liures. Il est vray que la
Troupe Royale a voulu gra-
tifier pour toûjours de cette
somme la Distributrice qu'elle
a receüe depuis peu dans son
Hostel. Elle ne paye rien, &
cet áuantage considerable luy
a esté acordé de bonne grace
soit pour son propre merite, soit
en faueur d'vn de ses proches
parens qui est de la Troupe,
& en toutes manieres vn tres
excellent Comedien.

Ie feray suiure icy deux declarations du Roy en faueur
de l'vne & de l'autre Troupe.

Declaration

Declaration du Roy En faüeur de la Troupe Royale.

DE PAR LE ROY,

*Et Monsieur le Preuost de Paris,
ou Monsieur son Lieutenant
de Police.*

SVr ce qui Nous a esté representé par le Procureur du Roy, Que certains Personnages sans employ, portans l'épée, qui ont en diuerses occasions excité des desordres considerable en cette Ville, ayant depuis peu de jours, auec la derniere temerité, & & vn grand scandale, entrepris de forcer les portes de l'Hostel

l'Hoſtel de Bourgogne, ſe ſeroient attroupez pour l'exe-
cution de ce deſſein auec pluſieurs Vagabonds, leſquels
aſſemblez en tres-grand nombre, eſtant armez de Mouſ-
quetons, Piſtolets & Epées,
ſeroient à force ouuerte en-
trez dans ledit Hoſtel de Bourgogne pendant la Repreſentation de la Comedie qu'ils auroient fait ceſſer, & ils y auroient commis de telles violences contre toutes ſortes de perſonnes, que chacun auroit
cherché par diuers moyens de
ſe ſauuer de ce lieu, où leſdits
Perſonnages ſe diſpoſoient de
mettre le feu, & dans lequel,
auec vne brutalité ſans exemple, ils maltraittoient indiffe-
remment toutes ſortesdegens.
De quoy Sa Majeſté ayant eſté
auſſi.

auſſi informée, meſme de ce que depuis on n'auoit ozé ouurir les portes de l'Hoſtel de Bourgone; Et ne voulant ſouffrir qu'vn tel excés demeure impuny, il luy auroit plû de nous enuoyer ſes ordres exprés & particuliers, tant contre ceux qui ſont connus pour eſtre les chefs & les principaux autheurs de cette violence publique, que contre ceux qui ſe trouueront les auoir aſſiſtez. Mais comme ſa Majeſté Nous a pareillement ordonné d'empécher à l'avenir qu'il n'arriue de ſemblables deſordres, & d'eſtablir dans les lieux deſtinez aux diuertiſſemens publics, la meſme ſeureté qui ſe trouue eſtablie par les ſoins & par la bonté de ſa Majeſté dans tous les autres endroits

de

de Paris ; Le Procureur du
Roy nous a requis qu'il fuſt ſur
ce par Nous pourveu, afinque
ceux qui voudront prendre
part à cette ſorte de diuertiſſement, d'où preſentement tout
ce qui pourroit bleſſer l'hon-
neſteté publique doit eſtre
heureuſemét retranché, ayent
la liberté de s'y trouuer ſans
craindre aucuns des accidens
auſquels ils ont eſté ſi ſouuent
expoſez. Novs, conformé-
méne aux ordres de ſa Majeſté, Avons Fait Tres-
Expresses Deffences à
toutes ſortes de perſonnes de
quelque qualité, condition &
profeſſion qu'elles ſoient, de
s'attrouper & de s'aſſembler au
deuant & aux enuirons des
lieux où les Comedies ſont re-
citées & repreſentées, d'y porter

ter aucunes armes à feu, de
faire effort pour y entrer, d'y
tirer l'épée, & de commettre
aucune autre violence, ou
d'exciter aucun tumulte, soit
au dedans ou au dehors, à peine de la vie, & d'estre procedé
extraordinairement côtre eux
comme perturbateurs de la
seureté & de la tranquilité publique. Comme aussi faisons
tre-expresses deffences à tous
Pages & Laquais de s'y attrouper, d'y faire aucun bruit ny
desordre, à peine de punition
exemplaire, & de deux cent
liures d'amende au profit de
l'Hospital General, dont les
Maistres demeureront respon-
sables, & ciuilement tenus de
tous les desordres qui auront
esté faits ou causez par lesdits
Pages & Laquais. Et en cas de

contra

contrauention , enjoint aux
Commiſſaires du quartier de ſe
tranſporter ſur les lieux,& aux
Bourgeois de leur preſter main
forte , meſme de Nous informer ſur le champ deſdits deſordres , afin qu'il y ſoit auſſi
dês l'inſtant pourueu , & que
ceux qui s'en trouueront eſtre
les autheurs ou complices , de
quelque côdition qu'ils ſoient,
puiſſent eſtre ſaiſis & arreſtez,
& leur procez fait & parfait
ſelon la rigueur des Ordonnances. Et ſera la preſente leuë,
publiée à ſon de trompe & cry
public , & affichée en tous les
lieux de cette Ville & Faux-
bourgs que beſoin ſera , afin
que perſonne n'en pretende
cauſe d'ignorance,& executée
nonobſtant oppoſitions ou ap-
pellations quelconques,& ſans
preiudice

preiudice d'icelles. Fait & or-
donné par Messire GABRIEL
NICOLAS DE LA REYNIE,
Conseiller du Roy en ses Con-
seils d'Estat & Priué, Maistre
des Requestes ordinaire de son
Hostel, & Lieutenant de Po-
lice de la Ville, Preuosté &
Vicomté de Paris, le 9. iour de
Ianuier 1673.

DE LA REYNIE.

DE RYANTZ.

SAGOT, Greffier.

Leuë & publiée à son de Trompe & cry public és lieux & endroits accoustu-mez, par mry Charles Canto, Iuré Crieur ordinaire du Roy en ladite Ville, Preuosté & Vicomté de Paris, sous-signé, accompagné de Hierosme Tronson, Iuré Trompette de sa Majesté, & de deux autres Trompettes, le Mardy 10. de Ianuier 1673. & ledit iour af-fiché. Signé, CANTO.

Autre

Autre Declaration de Sa
Majesté en faueur de la
Troupe du Roy, Pour
son établissement dans
la rue Mazarine.

DE PAR LA ROY.

*Et Monsieur le Preuost de Paris,
ou Monsieur le Lieutenant
de Police.*

IL est permis, Oüy sur ce le
Procureur du Roy, & sui-
uant les Ordres de Sa Majesté,
A la Troupe des Comediens
du Roy, qui estoit cy deuant
au Palais Royal, De s'establir,
& de continuer à donner au
Public des Comedies & autres
Diuertissemens hônestes dans

le

le Ieu de Paulme situé dans la
ruë de Seine au Faux-bourg
S. Germain, ayant issuë dans
ladite ruë & dans celle des
Fossez de Nesle, vis-à-vis la
ruë de Guenegaud; Et à cette
fin d'y faire transporter les Loges, Theâtres, Decorations &
autres Ouurages estans dans la
Salle dudit Palais Royal, ap-
partenant à ladite Troupe;
Comme aussi de faire afficher
aux coins des Ruës & Carrefours de cette Ville & Faux-
bourgs, pour seruir d'auer-
tissement des Iours & Sujets
des Representation. Deffenses
sont faites à tous Vagabons &
gens sans aveu, mesmes à tous
Soldats & autres personnes de
quelque qualité & condition
qu'elles soient, de s'attrouper &
de s'assembler au deuant & és
enuirons

enuirons du lieu où lefdites
Comedies & Diuertiſſemens
honneſtes feront repreſentez;
d'y porter auſſi Armes à
feu, de faire effort pour y entrer, d'y tirer l'eſpée, & de cõ-
mettre aucune autre violence,
ou d'exciter aucun trouble, ſoit
au dedans ou au dehors, à peine de la Vie, & d'eſtre procedé
extraordinairement contr'eux,
comme Perturbateurs de la
ſeureté & de la tranquillité publique: Comme auſſi deffenſes,
ſont faites à tous Pages & Laquais de s'y attrouper, ny faire
aucun bruit ny deſordre, à peine de punition exemplaire, &
de deux cens liures d'amende,
au profit de l'Hoſpital general,
dont les Maiſtres demeureront
reſponſables & ciuilement tenus des deſordres qui auront
eſté

esté faits ou causez par lesdits Pages & Laquais ; & en cas de côtrauention, il est enjoint aux Commissaires du Quartier de se transporter sur les Lieux, & aux Bourgeois de leur prester main-forte, mesmes de nous informer sur le champ desdits desordres, afin qu'il y soit aussi dés l'instant pourueu ; & que ceux qui s'en trouueront estre les autheurs ou complices, de quelque qualité & condition qu'ils soient, puissent estre saisis & arrestez, & leur procez fait & parfait selon la rigueur des Ordonnances : Deffenses sont pareillement faites à la Troupe des Comediens du Quartier du Marais, de continuer à donner au Public des Comedies, soit dans ledit Quartier, ou autre de cette Ville & Faux-bourgs

de

de Paris ; Et afin qu'il n'en foit
pretendu cauſe d'ignorance,
ſera la preſente Ordonnance
affichée aux portes & principa-
les entrées, tant dudit leu de
Paulme audit Faux-bourg S.
Germain, qu'autres endroits
accouſtumez de ladite Ville &
Faux bourgs, & executée nonobſtant oppoſitions ou appel-
lations quelconques, & ſans
prejudice d'icelles. FAIT &
ordonné par Meſſire Gabriel
Nicolas de la Reynie, Conſeil-
ler du Roy en ſes Conſeils d'E-
ſtat & Priué, Maiſtre des Re-
queſtes ordinaire de ſon Hoſtel, & Lieutenant de Police de
la Ville, Preuoſté & Vicomté
de Paris, le Vendredy vingt-
troiſiéme Iuin mil ſix cens
ſoixante-treize.

Signé, DE LA REYNIE.
DE RYANTZ. SAGOT, Greffier.

Suite

DES ORATEVRS

Des Theâtres de Paris,

contenue

Dans vne lettre de l'Autheur à vne personne de qualité, pour Réponce

Aux remarques qu'elle luy a enuoyées sur le Theâtre François.

MONSIEVR,

Ie me suis pris trop tard à exposer cet ouurage à vôtre censure, & ie ne deuois pas attendre à vous l'enuoyer que la derniere feuille fust soûs la
M presse.

preſſe. Comme vous aimez paſſionnement la Comedie, parceque vous la connoiſſez parfaitement ; vous m'auriez fourni de bonnes armes pour la defendre contre ceux qui l'attaquent auec ſi peu de juſtice, & auriez rempli d'excellentes remarques toutes les marges de mon manuſcrit. Celles dont vous ácompagnez la lettre que vous m'auez fait l'honneur de m'écrire, ſont tres-juſtes & ſolides, & ſans remettre à vne ſeconde edition le plaiſir qu'en peut tirer le Public, j'aime mieux les placer icy comme hors-d'œuures, & mon ouurage ſembloit me demander cette belle concluſion.

I'auoüe, Monſieur, que ie pouuois ajoûter en faueur de

la Comedie & des Autheurs
ce que vous auez tres judi-
cieusement obserué, & qu'il
me souuient auec vous d'a-
uoir leu dans vn de nos Critiques modernes qui a écrit
la vie des Poëtes Grecs,
Qu'vn des Peres de l'Eglise
pour se delasser de se ses se-
rieuses ócupations ne faisoit
point de scrupule de passer
quelques heures à la lecture
de Plaute, ce qu'il témoigne luy même dans vne lettre qu'il ecrit à vne Dame;
& qu'vn autre tenoit Aristophane soûs le cheuet de son
lit, parcequ'auec ceux qui
ont quelque sentiment de l'esprit Attique, & qui sçauent
ce que c'est que le beau Grec,
il reconnoissoit que c'est de
ce seul Poëte que ces deux

choses se peuuent apprendre.
Nous sçauons tous que ces
deux Grans Hommes, l'vn
Cardinal, qui a eclairé de
sa sainte vie & de son sçauoir l'Eglise Latine; l'autre
Patriarche, qui ne s'est pas
rendu moins celebre dans
l'Eglise Greque, auoient hau-
tement renoncé à toutes les
vanitez du siecle, aux pom-
pes & aux spectacles publics:
mais enfin, comme vous le
remarquez bien à propos, ils
estimoient l'inuention & le
style de ces Poëtes Comiques,
& les lisant auec vn esprit fort
detaché des pensées de la
Terre, il ne s'en peut rien
conclurre au desauantage de
leur pieté. Toutes choses sont
saines à vn corps bien sain,
& à vn corps mal conditionné
les

les meilleures viandes se tour-
nent en mauuaise nourriture.
J'auoüe aussi que j'ay passé
trop legerement sur les honneurs qui ont esté rendus
aux fameux Poëtes par toutes les Nations, & dans tous les
siecles. J'aurois pû dire que
le méme Aristophane duquel
ie viens de parler, le plus
hardi dans ses railleries de
tous les Comiques de l'Antiquité, & qui joüa publique-
ment tous les principaux d'A-
thenes, sans épargner ny
Cleon, ny Demosthene, ny
Alcibiade, fut par vn decret
public honoré d'vn chapeau
fait d'vne branche de l'Oliuier
sacré qui estoit en la cita-
delle de cette Ville; que cette gloire qu'il merita fut vne
marque éclatante de la recon-

noiſſance des Atheniens, qui
luy ſceûrent bon gré du ſoin
& de l'affection qu'il auoit
pour la liberté de la Republique ; ce qui paroiſt dans
toutes ſes Comedies, où il
leur donne des conſeils tres
ſalutaires, en leur reprochant
leurs fautes, & les exhortant
à leur deuoir. I'aurois pû remarquer qu'en diſant des ve-
ritez fâcheuſes il ne laiſſoit
pas de plaire, qu'en bleſſant
il obligeoit, & que l'on rece-
uoit ſes railleries de la même
façon qu'on reçoit les douceurs & les loüanges des autres ; Qu'on côuroit auec chaleur à ſes Comedies, & qu'on
les donnoit au Public dans le
plus grand feu de la guerre
du Peloponneſe. Que n'au-
rois je pas eu auſſi à dire des
deux

deux fameux Tragiques de
son temps, de Sophocle &
d'Euripide, dont la gloire a
passé dans tous les siecles, le
dernier ayant eu l'honneur
d'estre logé dans le Palais
d'Archelaus Roy de Macedoi-
ne, qui luy fit mille caresses,
& porta toute sa Cour à auoir
beaucoup d'estime pour luy?
En general, & les Poëtes qui
n'ont trauaillé que pour le
Theâtre, & ceux qui se sont
deuoüez au Poëme Epique,
ou aux Odes, ou aux Elegies,
ont esté cheris & fauorisez
de tous les Princes; & c'est
dequoy, Monsieur, vous me
dites que j'aurois pû aporter
plusieur exemples. Vous me
marquez entre autres, qu'Alexandre qui faisoit estime des
Lettres, ne trouua rien qui fust

M 4   digne.

digne d'estre enfermé dans
vn petit coffre de pierreries,
deuenu le fruit de sa victoire
apres la defaite de Darius,
que l'Iliade de l'incomparable
Homere ; & que si Thebes ne
fut pas rasée apres auoir soûtenu long-temps l'effort de
ses armes victorieuses, elle
dût sa conseruation à la naiſ-
sance qu'elle auoit donnée au
Poëte Pindare, dont le sou-
uenir estoit si cher à ce puiſ-
sant Roy, qu'en faueur d'vn
homme mort il fit grace à plus
de cent mille qui craignoient
qu'on ne leur ostast la vie.
Vous auriez aussi souhaité que
j'eusse parlé de Scipion qui
merita le surnom d'Africain
par la prise de Carthage, &
qui cherissoit si tendrement
le Poëte Ennius, qu'il fit placer

son

son portrait dans son tombeau,
pour laisser des marques de
l'estime qu'il auoit euë pour
luy pendant sa vie. Mais sans
chercher si loin des exemples
fauorables aux Poëtes , j'ay
crû, Monsieur, qu'il suffisoit
de produire celuy du plus
grand Monarque qu'ayt iamais
eu l'Vniuers , & qui s'est fait
distinguer de tous les autres
Souuerains que nous voyons
aujourd'huy regner , non seulement par la gloire éclante
des ses conquestes & par la
force admirable d'vn Genie
que n'ont point eu ses Ayeux,
mais aussi par vn soin particulier qu'il a pris de faire cul-
tiuer les belles lettres en France , & de donner de l'ému-
lation aux Sçauans en les ho-
norant de ses bien faits. Nôs

M 5　　fameux

fameux Poëtes s'en ſont reſ-
ſentis, & il n'y a perſonne qui
ne ſçache, de quelle glorieuſe
maniere il a plû à Sa Majeſté
de donner des marques de ſon
eſtime à vn Pierre Corneille le
Sophocle François, qui de méme que le Sophocle Grec a
paſſé de beaucoup par la force
de ſes vers Eſchyle & Euripide, & tous les Tragiques qui
les ont ſuiuis.

Sola Sophocleo ſunt Carmina digna cothurno.

D'ailleurs, Monſieur, vous
vous plaignez de mon trop de
delicateſſe, & vous ſoûtenez
que ie ne puis auoir de bonnes raiſons pour me diſpenſer
de donner la ſuite des Orateurs des Theatres de Paris,
ce qui rend, ſelon vous, mon
ouurage defectueux. Que puiſque j'ay eſté ſi auant dans le
detail des choſes, & qu'en

repreſentant la face d'vn Eſtat
Republicain j'ay donné vne
liſte exacte de ſes Officiers,
ie ne deuois pas oublier celle
de ſes Orateurs Illuſtres que
l'on a ſouuent écoutez auec
plaiſir. Vous ájoutez que les
belles modes deuroient toûjours durer, & que le Comedien qui annonce ne fait plus
aujourd'huy de ces beaux diſ-
cours aux Auditeurs, parce
que cela luy coûteroit peut
être quelque étude, & qu'on
recherche ſes aiſes plus que
jamais. Ie ſuis perſuadé, Monſieur, qu'en toutes choſes
vous n'auez que des ſentimens
tres juſtes, & quand il n'y auroit que le reſpect que ie vous
dois, & le pouuoir abſolu que
vous auez toûjours eu ſur
moy, c'en eſt aſſez pour
M 6   m'obli

m'obliger de vous obeïr & de satisfaire à ce dernier article que vous me marquez.

Ie vous diray donc, Monsieur, selon la connoissance que j'en puis auoir, que la Troupe Royale a eu de suite deux Illustres Orateurs, Bellerose & Floridor, qui ont esté tout ensemble de parfaits Comediens. Quand ils venoient annoncer, tout l'Auditoire prestoit vn tres grand silence, & leur compliment court & bien tourné estoit écouté auec autant de plaisir qu'en auoit donné la Comedie. Ils produisoient chaque iour quelque trait nouueau qui reueilloit l'Auditeur, & marquoit la fecondité de leur esprit, & j'ay parlé au troisiéme Liure des belles qualitez de ces deux Illustres,

Illuftres. Hauteroche á fuccedé au dernier, fes camarades
qui y ont le méme droit, le
voulant bien de la forte, & il
s'aquite dignement de cet employ. Il a beaucoup d'étude
& beaucoup d'efprit, il écrit
bien en profe & en vers, &
a produit plufieurs pieces de
Theâtre, & d'autres ouurages
qui luy ont aquis de la reputation.

Quatre Illuftres Orateurs
ont paru de fuite dans la Troupe du Marais, Mondory, Dorgemont, Floridor & la Roque.
Mondory l'vn des plus habiles Comediens de fon temps
mourut de trop d'ardeur qu'il
áportoit à s'aquiter de fon rôle.
Dorgemont luy fucceda, qui
eftoit bien fait, & tres capable dans fa profeffion, qui
parloit.

parloit bien & de bonne grace, & dont l'on estoit fort
satisfait. Floridor le suiuit &
entra en 1643. dans la Troupe Royale, où il parut auec
éclat,& tel que ie l'ay depeint.
La Roque remplit sa place en
la charge d'Orateur, qu'il a
exercée vingt sept ans de suite, & l'on peut dire sans fâ-
cher personne, qu'il a soûtenu
le Theâtre du Marais jusqu'à
la fin par sa bonne conduite
& par sa brauoure, ayant
donné de belles marques de
l'vne & de l'autre dans des
temps difficiles, où la Troupe a couru de grands dangers.
Comme il est connu du Roy
qui luy a fait des graces particulieres, & que ses bonnes
qualitez luy ont aquis de l'e-
stime à la Cour & à la Ville,

il s'eſt ſerui auec joye de ces
auantages, pour le bien commun du Corps, qui luy aban-
donnoit la conduite des affaires ; & comme il eſt genereux, l'intereſt public à toûjours emporté en luy ſur ſon
intereſt particulier. Auant les
defences étroites du Roy à
toutes ſortes de perſonnes
d'entrer à la Comedie ſans
payer, il arriuoit ſouuent de
grandes quelles aux portes,
& juſques dans le Parterre ;
& en quelques rencontres il
y a eu des portiers tuez, & de
ceux auſſi qui excitoient le ru-
multe. La Roque pour apaiſer
ces deſordres & maintenir les
Comediens & les Auditeurs
dans le repos s'eſt expoſé à
diuers perils, & attiré de tres
mechantes affaires ſans en
craindre

craindre le fuccez ; montran
autant d'adreffe & d'efprit
qu'il a toûjours fait parêtre
de cœur pour l'affoupiffement
de ces tumultes. Il s'eft fait
craindre des faux braues, &
eftimer de ceux qui écoient
braues veritablement, fuiuant
en cela les pas de fes freres,
qui auroient paffé pour des
Illuftres, s'ils auoient eu d'Illuftres employs. Il a effuyé de
la forte cent fatigues en faueur de la Troupe qu'il aimoit, & quand il ne luy auroit efté vtile qu'en ces deux
articles de fa conduite & de
fon courage, il y en auroit eu
affez pour le faire confiderer
comme le membre le plus
vtile du Corps. Mais il l'eftoit
encore en toutes les autres
chofes ; & vniuerfellement il
s'eftoit

s'estoit rendu tres-necessaire
à la Troupe du Marais. Comme il a tres bonne mine &
qu'il parle bien, il s'aquitoit
de l'annonce auec grand plaisir de l'Auditeur, & si l'on ne
peut pas dire qu'il s'áquit-
teroit d'vn rôle auec le méme succez, on doit áuoüer
d'ailleurs qu'il sçait admirablement comme il faut s'en
demesler, & que plusieurs des
meilleurs Comédiens de Paris
ont receu de luy des seruices
considerables par les vtiles
conseils qu'il leur a donnez
dans leur profession. Il n'y a
aussi personne à la Comedie
qui juge mieux que luy du
merite d'vne piece, ny qui
en puisse plus seurement pre-
uoir le succez ; ce qui est vn
grand article, pour ne pas
tombez

tomber dans le malheur de
produire vn ouurage qui fust
rebuté. Ie parle de la Roque
comme d'vne personne que
tout lemonde sçait auoir esté
vn tres ferme apuy du Theâtre du Marais, d'où il a passé
depuis six mois auec plu-
sieurs de ses camarades dans
la Troupe du Roy, qui se
trouuera toûjours bien de ses
bons auis.

La Troupe du Palais-Royal
a eu pour son premier Orateur l'Illustre Moliere, qui
six ans auant sa mort fut bien
aise de se decharger de cét
employ, & pria la Grange de
remplir sa place. Celuy-cy s'en
est toûjours aquité tres dignement jusqu'à la rupture
entiere de la Troupe du Palais Royal, & il continüe de
l'exercer

l'exercer auec grande satisfaction des Auditeurs dans la
nouuelle Troupe du Roy.
Quoy que sa taille ne passe
guere la mediocre, c'est vne
taille bien prise, vn air libre
& degagé, & sans l'ouïr parler, sa personne plaist beaucoup. Il passe auec justice
pour tres bon Acteur, soit
pour le serieux, soit pour le
comique, & il n'y a point de
rôle qu'il n'execute tres bien.
Comme il a beaucoup de feu,
& de cette honneste hardies-
se necessaire à l'Orateur, il
y a du plaisir à l'écouter quand
il vient faire le compliment;
& celuy dont il sceut regaler l'assemblée à l'ouuerture
du Theâtre de la Troupe du
Roy, estoit dans la derniere
justesse. Ce qu'il auoit bien
imaginé

imaginé fut prononcé auec
vne merueilleufe grace , &
ie ne puis enfin dire de luy
que ce que i'entends dire a
tout le monde , qu'il eft tres
poli & dans fes difcours &
dans toutes fes actions. Mais il
n'a pas feulement fuccedé à
Moliere dans la fonction d'O-
rateur , il luy a fuccedé auffi
dans le foin & le zele qu'il
auoit pour les interefts com-
muns , & pour toutes les affaires de la Troupe, ayant tout
enfemble de l'intelligence &
du credit. Ie crois , Monfieur,
auoir fatisfait à ce que vous
fouhaitez de moy par vôtre
lettre , & ie vous fupplie de
croire que ie feray toute ma
vie auec beaucoup de refpect,
vôtre , &c.